Il Grande Reset!

La verità su Agenda 2021-2030, Nuove Varianti di Covid, Vaccini e il Futuro Separatismo Medico
-

Controllo mentale - Dominazione del mondo - Sterilizzazione Esposto!

Rebel Press Media

Disclaimer

I nostri altri libri

Dai un'occhiata ai nostri altri libri per altre notizie non riportate, fatti esposti e verità sfatate, e altro ancora.

Unisciti all'esclusivo Rebel Press Media Circle!

Riceverai nuovi aggiornamenti sulla realtà non denunciata nella tua casella di posta ogni venerdì.

Iscriviti qui oggi:

https://campsite.bio/rebelpressmedia

Introduzione

L'uomo transumano sarà integrato con un sistema di controllo digitale globale, 'Biosensore nanotecnologico impiantabile 5G già nel 2021 nei vaccini Covid-19'

Il braccio di sviluppo tecnologico del Pentagono, DARPA, e la Fondazione Bill & Melinda Gates stanno collaborando con la società tecnologica Profusa nello sviluppo di un biosensore nanotech impiantabile fatto di idrogel (sostanza simile a una lente a contatto morbida). Questo biosensore, che è più piccolo di un chicco di riso, può essere iniettato insieme a un vaccino e viene applicato appena sotto la pelle, dove si fonde effettivamente con il corpo. La componente nanotecnologica permette il monitoraggio a distanza di tutte le informazioni su se stessi, il proprio corpo e la propria salute via 5G. Il biosensore, che può anche ricevere informazioni e comandi, dovrebbe essere approvato dalla FDA all'inizio del 2021 - giusto in tempo per la prevista campagna di vaccinazione globale Covid-19.

DefenseOne ha scritto di questo biosensore hydrogel a marzo, che è "inserito sotto la pelle con un ago ipodermico. Tra le altre cose, contiene una molecola appositamente progettata che invia un segnale fluorescente una volta che il corpo inizia a combattere un'infezione. La parte elettronica attaccata alla (/nella) pelle rileva questo segnale, e poi invia un avviso a un medico, un sito web o un'agenzia governativa. È come un laboratorio di sangue sulla pelle che può raccogliere, anche prima che ci siano altri sintomi come la tosse, la risposta del corpo alla malattia".

Non è quindi difficile intuire perché questo sensore possa essere considerato di grande importanza dall'élite nella (cosiddetta) lotta contro il Covid-19. Chiunque abbia questo biosensore - inamovibile - iniettato nel proprio corpo sarà messo in quarantena dal governo alla minima infezione, e potrà essere soggetto ad altre misure coercitive, anche se la persona in questione non è affatto malata, né mostra alcun sintomo.

Il biosensore controlla tutte le funzioni del corpo e le trasmette via 5G

Utilizzando l'idrogel, il biosensore non sarà visto dal corpo come un intruso e attaccato, ma piuttosto si integrerà con esso. Inoltre, secondo l'azienda, il sensore non solo può rilevare le infezioni, ma anche monitorare i livelli di ossigeno e glucosio nel sangue, così come i livelli ormonali, la frequenza cardiaca, la respirazione, la temperatura corporea, la vita sessuale, le emozioni - in breve, TUTTO. Attraverso il 5G, tutte queste informazioni potranno presto essere trasmesse ad ogni autorità medica e politica.

Profusa sta attualmente conducendo uno studio con l'Imperial College, anch'esso finanziato da Bill Gates, che è diventato tristemente famoso per le sue ridicole previsioni di sventura riguardo al Covid-19, che si sono presto rivelate del tutto fasulle. Tuttavia, è sulla base di queste che sono state fatte le chiusure, l'allontanamento sociale e la relativa parziale distruzione dell'economia e l'eliminazione di molte libertà civili.

Umani transumani da integrare con un sistema di controllo digitale globale

Il biosensore, che potrebbe quindi essere incorporato nei vaccini Covid-19 già nel 2021, si avvicina molto alla realizzazione dell'aspirazione di un umano transumano, in cui tutti sono totalmente controllabili e persino governabili. Il "nuovo umano", o l'umano 2.0 come immaginato dall'élite tecnologica intorno a Bill Gates e Elon Musk, sarà gradualmente trasformato in una sorta di cyborg da qui al 2025-2030, e diventerà parte integrante - e quindi irreversibile - di un sistema globale di controllo digitale, in cui le libertà personali saranno completamente scomparse, e anche il libero arbitrio umano, sarà stato tolto.

Non per niente lo chiamiamo il sistema della "Bestia". Per la prima volta nella storia, la tecnologia è progredita al punto in cui le profezie bibliche sul "segno della Bestia" possono essere pienamente eseguite e realizzate.

Questo libro è una compilazione dei nostri articoli pubblicati in precedenza e di nuovi articoli per esporre i vaccini con il giusto contesto, per quanto riguarda argomenti come lo spopolamento e il controllo del mondo da parte dell'élite globalista, se volete saperne di più su argomenti come il grande reset, vi consigliamo di leggere anche gli altri nostri libri, e condividerli con tutti quelli che vi sono cari.

Vogliamo raggiungere il maggior numero di persone possibile, ecco perché continuiamo a pubblicare i nostri contenuti, per essere sicuri che se un titolo viene ignorato, l'altro titolo ottiene comunque l'attenzione di cui questi soggetti hanno bisogno.

Se vogliamo vincere questa guerra contro l'umanità, dobbiamo informare tutti sulla realtà di quello che sta succedendo in questo momento!

Tabella dei contenuti

Capitolo 1: Agenda 21

Lo stato nazionale, la libertà e la vostra voce vengono completamente distrutti" - "Solo la resistenza di massa può fermare questa agenda anti-umana, che è già in fase di attuazione".

Café Weltschmerz ha pubblicato un'intervista con un noto esperto americano di Agenda 21, che può essere riassunta come una presa di potere che alla fine metterà il mondo intero sotto una dittatura comunista tecnocratica, in cui gli individui e i popoli non avranno alcuna voce in capitolo, nemmeno sulla propria salute e vita. Con la bufala della pandemia da paura Covid-19, la prossima fase di questo colpo di stato de facto contro la nostra libertà, democrazia e diritto all'autodeterminazione è iniziata. Café Weltschmerz non mette quindi sotto "L'agenda nascosta dietro la distruzione della nostra società" per niente - una distruzione che viene anche deliberatamente portata avanti dai governi mondiali.

Il giornalista indipendente Spiro Kouras (Activist Post) ha intervistato il direttore esecutivo del Post Sustainability Institute, Rosa Koire, un'esperta di uso della terra e diritti di proprietà che ha tenuto discorsi in tutto il mondo. Il suo lavoro può essere trovato sul sito web Democrats United Against UN Agenda21, un sito che era inaccessibile al momento della scrittura.

Koire è anche l'autore del libro "Behind the Green Mask - UN Agenda 21. L'Agenda 21 è stata firmata da 178 paesi e dal Vaticano nel 1992. Con questa agenda, un'élite di potere globalista vuole ottenere il controllo totale su tutta la terra, l'acqua, la vegetazione, i minerali, le costruzioni, i mezzi di produzione, il cibo e l'energia. Anche l'applicazione della legge, l'istruzione, l'informazione e la gente stessa devono essere sotto questo controllo totale.

Agenda 2030: passo intermedio nella distruzione dello stato-nazione e della libertà

Inoltre, grandi somme di "denaro" devono essere spostate dai paesi sviluppati a quelli meno sviluppati. In definitiva, si tratta di distruggere la capacità di avere una voce, un governo rappresentativo". I governi nazionali si trasformano in amministrazioni. La vostra capacità di essere liberi e indipendenti viene completamente distrutta. L'obiettivo è quello di trasferire il potere dalle persone locali e individuali a un sistema globale di governo... È un piano per sconvolgere e distruggere il sistema esistente. È un piano di trasformazione e controllo, e questo è ciò che stiamo vivendo ora".

L'Agenda 2030 è solo una tappa intermedia dell'Agenda 21, come lo sono il 2020, il 2025 e il 2050. Entro il 2050, con l'aiuto e il sostegno di grandi nomi globalisti come Ford, Rockefeller, Soros, Gates, Zuckerberg, Musk, il Papa, e non ultimo Rothschild, questo perfido piano deve essere completato. Entro il 2050, tutti gli stati nazionali devono essere aboliti, e la popolazione mondiale concentrata in un certo numero di megacittà che possono inglobare interi stati e paesi (proprio come l'Olanda, insieme al Belgio e alla Ruhr tedesca, deve diventare una sola grande città).

Questo ha lo scopo di distruggere la vostra capacità di controllare ciò che vi succede. È un piano globale, ma viene attuato localmente con nomi diversi". Questo viene fatto deliberatamente per distogliere l'attenzione della gente dai veri obiettivi.

In realtà, tutto ciò che viene chiamato "verde" e "sviluppo sostenibile" rientra nell'Agenda 21. Questo include il 'cambiamento climatico', cioè tutti gli accordi e le iniziative sul clima, e certamente Covid-19 . Una crisi globale richiede una risposta globale", è la loro idea. E questo giustifica una governance globale".

Il cambiamento climatico e la corona p(l)andemica "sono progettati per mandare la gente nel panico, così male che si teme letteralmente di non sopravvivere". Che ci sia o meno una vera e propria crisi climatica non è nemmeno rilevante, secondo Koire. Funziona così bene che sarebbe stato inventato comunque (anzi, è inventato, concepito, nei primi anni '90, che è letteralmente scritto nei documenti delle Nazioni Unite).

Il 'Grande reset (verde)'

Skouras indica poi il 'Grande reset (verde)' lanciato al Forum economico mondiale di Davos. Koire risponde che "non vuole fare l'allarmista", ma è molto preoccupata che questo "reset" venga portato avanti senza tener conto dei costi per le persone e la società. Tuttavia, stanno rimanendo dietro la loro maschera verde, perché una volta che questa viene tolta, gli stivali da soldato e le trincee vengono fuori". Letteralmente. Vedi anche il nostro articolo del 4 dicembre 2019: 'L'ONU può usare la forza militare contro i paesi che rifiutano l'agenda climatica' (/ 'L'ONU può spingere misure estreme in gola ai popoli' - I partecipanti alla conferenza sul clima di Madrid vogliono accordi duri per abbattere la prosperità e la libertà in Europa).

Abbiamo ormai raggiunto il punto in cui chi è al potere non si cura quasi più delle obiezioni e delle preoccupazioni della gente. Questo è una specie di messaggio da parte loro a noi, che non si preoccupano più veramente di noi". Sembra che non ci sia più molto da fare, ma Koire crede che sia ancora possibile.

La tecnologia è ormai avanzata al punto che due grandi obiettivi, la vita eterna e la possibilità di creare la vita da soli, si sono avvicinati molto. Queste persone non hanno limiti etici, e questo è molto preoccupante. L'avete visto con i nazisti, con Stalin e ora. Non c'è letteralmente nulla per fermare queste persone".

Tutto e tutti saranno connessi digitalmente

Nella "quarta rivoluzione industriale" che hanno messo in moto, veramente tutto e tutti saranno connessi digitalmente. Stanno parlando di un nuovo contratto sociale. Bene, in un contratto, normalmente entrambe le parti hanno qualcosa da dire. Ma questo è un contratto in cui nessuno di noi ha voce in capitolo... Questa è una delle ragioni per cui vediamo tutta questa isteria nelle strade. È perché è una lezione, una comunicazione per noi: questo è quello che vi succede se scendete in strada e osate opporvi al nostro piano".

La gente mi chiede: chi ci sta facendo questo? Questo è il vostro governo. Il vostro governo è stato preso in consegna". Con l'aiuto di gruppi e movimenti come Antifa e Black Lives Matter, si cerca di scatenare una rivolta. Siamo sotto

12

attacco". Questo è stato il motivo per cui Koire ha voltato le spalle al Partito Democratico. 'Ma i partiti sono solo una distrazione. Al vertice, il potere non conosce partiti. In questa presa di potere globalista, si stanno usando tutti i mezzi possibili. Il piano è quello di distruggere e disgregare, ed è quello che tutti stanno vedendo ora. Questo è il piano per distruggere la coesione sociale, e questo ha molto successo".

Lei chiama la situazione ora "estremamente pericolosa" perché questo piano è sostenuto da università, fondazioni, aziende e agenzie governative. Tutte queste parti sono state indottrinate, dalla scuola materna all'istruzione universitaria. Questi sono gli 'agenti di cambiamento' che sono stati attivati".

'Trasformazione' = demolizione dell'individuo

La parola magica ampiamente usata è 'trasformazione', dell'educazione, dell'economia, della polizia e della società. La trasformazione è in realtà la rottura dell'individuo, della sua alleanza con qualsiasi 'vecchio' sistema, come la sua famiglia, i suoi 'vecchi' pensieri, o la sua fede... È una tecnica psicologica che in realtà rompe la tua personalità, e poi la ricostruisce (secondo i loro nuovi standard)".

Il termine "razzismo istituzionale" usato anche dal governo europeo è "solo una scusa per distruggere letteralmente la tua mente". Mao Zedong l'ha usato, Sung l'ha usato, e anche i nazisti. È una tecnica con la quale la tua personalità viene distrutta, al fine di ricostruirti come il nuovo essere umano, il nuovo cittadino del mondo".

L'umano deve fondersi con l'intelligenza artificiale.

In questo processo entra in gioco anche l'A.I. (intelligenze artificiali). Sta arrivando una forza di polizia (globale) A.I., non composta da umani. Inoltre, i droni a un certo punto non saranno più controllati da umani, ma da A.I. 'Non devo spiegare che poi si ottiene una situazione davvero pericolosa'. La Nuova Zelanda ha recentemente lanciato ufficialmente il suo primo agente di polizia A.I., e a Singapore stanno usando robot intelligenti per far rispettare le distanze sociali.

Skouras: "Questa è essenzialmente un'agenda anti-umanitaria, dove vogliono fondere l'umano con la macchina (AI)".

Secondo le misure di Covid-19, tutti sono stati dichiarati potenziali nemici gli uni degli altri. L'idea è che non ci si fida più nemmeno dei familiari e degli amici più stretti. Allo stesso tempo, anche la nostra salute viene degradata, cosa che Koire dice essere una parte molto importante del piano Agenda 21. Questo è il piano per inventariare e controllare tutto, compreso il tuo DNA (da qui l'insistenza del governo affinché il maggior numero possibile di persone si sottoponga al test Covid-19 - questo permetterà al tuo DNA di essere preso e conservato immediatamente)".

Con il tuo "status di credito sociale" come in Cina e presto negli Stati Uniti e in Europa, devi "dimostrare" che sei un cittadino leale e obbediente che è "degno" di continuare a vivere nel nuovo ordine. Il sistema, naturalmente, lo fa già da tempo favorendo alcune persone di talento, che poi il resto deve pagare. Il sistema cinese sta per essere esteso a tutto il pianeta.

Vaccino di spopolamento

14

I cinesi hanno anche accettato negli anni '90 di lavorare con gli Stati Uniti su un vaccino di spopolamento. Sono andati fino in fondo? Quel vaccino è ora là fuori, e viene 'venduto' all'umanità con un nome diverso (forse un vaccino Covid-19?)? In ogni caso, 'lo spopolamento è una parte essenziale del piano'. Se si determina che non hai abbastanza valore, e/o stai occupando troppo spazio, usando troppa energia, troppa acqua, troppa terra, allora devi essere 'isolato' e trasferito.

La grande maggioranza dell'umanità sarà costretta a vivere in megalopoli ('multiculturali'), dove ogni aspetto della nostra vita sarà controllato e gestito 24/7/365. Questo piano vi toglierà letteralmente tutta la libertà. E questo non riguarda un piano per il futuro, ma è qualcosa che sta già accadendo proprio ora. Quindi, questo non è solo nel 2030 o nel 2050. Il 2020 è davvero un anno molto importante. Molti di questi piani vengono ora attuati a livello regionale".

Siamo stati massicciamente ingannati dai nostri leader e dai loro consiglieri", ha detto il dottor Mike Yeadon, ex vicepresidente della Pfizer, in un'intervista alla Stiftung Corona Ausschuss tedesca poco meno di due settimane fa. Quello che sto per dire sconvolgerà tutti". Yeadon ha avvertito che il costante 'rabbocco' di vaccini corona, come ora sembra essere l'intenzione (la 'sottoscrizione di vaccini' come l'abbiamo chiamata l'anno scorso) non solo è totalmente inutile, ma anche pericolosa per la vita, perché tutti questi vaccini non passeranno attraverso il normale processo di approvazione. Le sequenze genetiche saranno iniettate direttamente nelle braccia di centinaia di milioni di persone... Questo potrebbe causare gravi lesioni e morte in una parte significativa della popolazione mondiale".

15

L'immunologo ed esperto di organi respiratori Yeadon - che, tra l'altro, è stato lontano dalla Pfizer per circa 10 anni - ha detto che ha trovato il "numero molto grande di morti" dopo le vaccinazioni corona "non una coincidenza". Ha definito "arrogante" da parte dei produttori di vaccini presumere che questi nuovi vaccini, che istruiscono il corpo a produrre una proteina spike del virus corona, non avrebbero causato grandi problemi, perché gli studi scientifici avevano già dimostrato il pericolo che questa tecnologia avrebbe causato una risposta (auto-)immunitaria troppo forte in moltissime persone, che potrebbe farle ammalare gravemente o addirittura ucciderle. Gli ultimi tre mesi hanno dimostrato che questo è effettivamente il caso.

Tutti questi vaccini genetici (Pfizer-AstraZeneca-Moderna) rappresentano un rischio fondamentale per la sicurezza della popolazione", ha avvertito.

A causa della scarsa connessione, il Dr. Reiner Füllmich, uno dei capi del comitato tedesco, ha riassunto ciò che aveva detto. Secondo il Dr. Yeadon, ciò che sta accadendo ora è un crimine molto grave, commesso da 'cattivi attori', la nostra stessa élite politica e autoproclamata 'scientifica'... La proteina spike è biologicamente attiva, e viene replicata con precisione dai vaccini. Questo provoca una reazione autoimmune, come una tempesta di citochine. Diverse migliaia di persone sono già morte per questo in Europa. In Israele, anche 40 volte più persone sopra gli 80 anni e 260 volte più giovani sono già morte per il vaccino che per il Covid-19. Da tutti gli altri paesi riceviamo rapporti simili".

Tutti i vaccini stimolano il tuo corpo a produrre quella proteina spike, e questo non è una buona cosa per te... È biologicamente attiva, avvia processi biologici e provoca la totale interruzione o addirittura la distruzione di alcune funzioni del corpo", ha ripetuto Yeadon.

Gli effetti dei vaccini possono colpire dopo giorni, settimane, mesi o addirittura anni

Dipende dal sistema immunitario della persona e dalla reazione delle sue cellule alle istruzioni genetiche se questi effetti si verificano immediatamente, a breve termine, o solo a medio o lungo termine. Quindi, le persone che sono vaccinate ora e dicono "non succederà nulla" non sono sicuramente al sicuro. Gli effetti possono colpire domani, il mese prossimo, l'anno prossimo o anche dopo qualche anno. Se fossi un'istituzione (medica) non fornirei più questi vaccini", ha sottolineato Yeadon.

Nel frattempo, decine di milioni di europei e più di 100 milioni di americani sono già stati iniettati con loro, e non sembra che i politici stiano nemmeno per considerare se questi "vaccini" confezionati come ingegneria genetica sono davvero così "sicuri" come sostengono i produttori.

Il Dr. Füllmich ha poi ribadito le parole di Yeadon che i "vaccini" ora dispensati non sono in realtà vaccini, ma "qualcosa di completamente diverso. È classificato come vaccino solo perché è usato come un vaccino". Tuttavia, non sono vaccini, ma sostanze che equivalgono alla terapia genica, alla manipolazione genetica. La cosa peggiore è che moltissimi effetti collaterali (gravi) potrebbero non essere legati a queste sostanze, proprio perché sono falsamente usate come "vaccini".

Il primo passo è la consapevolezza, il secondo passo è l'azione

Possiamo ancora fermare tutto questo? La consapevolezza è il primo passo della resistenza", dice Koire. L'azione è il secondo passo". La gente deve capire che ora siamo condizionati a rimanere passivi, e a pensare che se premiamo 'mi piace' sui social media, siamo politicamente attivi. Ma non sei un attivista politico se non esci di casa". Da qui tutte queste chiusure e allontanamento sociale - vogliono dichiarare illegale e impossibile in anticipo l'opposizione di massa a questo piano di demolizione e controllo totale dell'Agenda 21.

E non dite che il vostro governo è così cattivo che non potete farci niente. Sono sicuro che sembra così, ma è perché avete lasciato che arrivasse a questo punto. Non migliorerà se lasciate che questo continui. Ecco perché pensiamo che tu abbia davvero bisogno di "occupare" il tuo governo (occupare, anche "sequestrare", "occupare" o "occupare"). Siate il vostro governo. Sì, siamo nell'End Game, e non rimane molto tempo. Quindi, avreste dovuto farlo un po' di tempo fa".

La gente deve iniziare a riconoscere l'Agenda 21, anche nella propria località e regione. Portatela nel vostro consiglio locale. Parlatene continuamente con i rappresentanti del popolo. Probabilmente ogni punto all'ordine del giorno del vostro consiglio comunale è legato all'Agenda 21". Consiglia alla gente di guardare il suo sito web e di leggere il suo libro in modo che 'scoprirete come manipolano l'opinione pubblica, così non causerete loro problemi. Vogliono che tu rimanga a casa sulla tua sedia".

18

Quindi, agite, parlate con le persone e i funzionari, distribuite volantini, condividete video, scrivete e pubblicate su questo. Perché il solo sapere che questo sta succedendo, senza fare nulla, non è più sufficiente. Bisogna diventare politicamente attivi ed essere pronti a non prendere subito tutto da loro". Per esempio, vogliono iniziare a sostituire la realtà con la VR (realtà virtuale), perché renderebbe la vita molto più divertente. Quindi, devi resistere".

Non credere a Wikipedia, l'Agenda 21 è un'agenda anti-umana

'Ovunque lavoriate, ovunque siate, parlate di questo'. A molti non piacerà, e non piacerai (più) a molti. Ma così sia, perché questo piano è reale, e viene attuato proprio ora, che ci piaccia o no. Agenda 21 NON è quello che vi dice Wikipedia. NON è volontaria, e non è 'non vincolante'. Per voi, questo piano è obbligatorio.... Quindi combattiamo questo insieme. Dobbiamo opporci tutti".

La vendono come qualcosa che migliorerà e salverà il mondo, il clima, l'ambiente. Ma (Agenda 21 / 2030) è un'agenda anti-umana che viene attuata proprio ora. Non vogliamo percorrere quel sentiero oscuro, questo sentiero verso la tirannia".

Un falso memorandum prevede una chiusura permanente in poche settimane

Un cosiddetto memorandum del governo britannico indicherebbe che il paese andrà in isolamento

19

permanente già da 3 settimane o in agosto perché -
nonostante le vaccinazioni di massa - si prevede una
"terza ondata" con principalmente la variante Delta
indiano. Il documento, la cui autenticità non può essere
confermata e che molto probabilmente è falso*,
sarebbe stato scritto dal famigerato allarmista Dr. Neil
M. Ferguson, screditato per i suoi modelli di pandemia
completamente sfatati dell'anno scorso, in cui
prevedeva almeno mezzo milione di morti nella sola
Gran Bretagna.

Capitolo 2: follia dell'mRNA

Questa è una bomba a orologeria mondiale: QUALSIASI individuo vaccinato soffrirà alla fine di effetti dannosi, e l'autopsia su persone vaccinate conferma che l'mRNA e le proteine spike si spostano in tutti gli organi", dice uno specialista di malattie infettive.

Diverse indagini scientifiche hanno decisamente screditato l'affermazione che i vaccini Covid-19 risiedono solo nel tessuto muscolare, che ha persistito per mesi. Ora, un'autopsia su una persona vaccinata deceduta rivelerebbe che le istruzioni genetiche mRNA, simili alla proteina spike creata dai vaccini, si sono propagate in tutto il corpo a tutti gli organi. "Questo significa che alla fine QUALSIASI persona vaccinata sperimenterà gravi effetti collaterali", ha detto un inorridito medico di malattie infettive del New Jersey che non ha voluto essere identificato per paura di ritorsioni.

Poiché questo mRNA ha convertito le persone vaccinate in "fabbriche di picchi" permanenti, gli effetti saranno quasi certamente irreversibili. Di conseguenza, conclude, "Questa è una bomba a orologeria mondiale". L'autopsia su un uomo vaccinato al Covid è segnalata come la prima del suo tipo, rivelando che "l'RNA virale" è stato identificato praticamente in tutti gli organi dell'uomo deceduto di 86 anni 24 giorni dopo la sua iniezione.

Quando non c'è Covid e un test negativo, un ADE è innescato da una combinazione vaccino-virus letale.

La salute dell'uomo è peggiorata dopo la sua prima iniezione Pfizer il 9 gennaio, rendendo necessaria l'ospedalizzazione dopo 18 giorni. Non ha avuto alcun sintomo clinico di Covid e anche il suo test è risultato negativo.

Di conseguenza, "nessuna anomalia morfologica legata al Covid" è stata scoperta nel suo corpo, secondo il rapporto post-mortem.

L'86enne ha preso il Covid da un altro paziente dell'unità, secondo le autorità mediche, ma l'autopsia mostra che il danno ai suoi organi è avvenuto prima del suo ricovero. Questo lascia solo una possibile causa: la vaccinazione. E quando l'uomo è stato infettato in ospedale, non ha avuto alcuna possibilità, soffrendo di una reazione ADE, di cui molti scienziati indipendenti (tra cui il professor Pierre Capel) e specialisti hanno avvertito per mesi.

L'mRNA del vaccino produce l'RNA del virus?

Il vaccino non era in grado di impedire che il virus infettasse tutti gli organi", spiega Hal Turner, un radiotrasmettitore americano. Tuttavia, un'altra possibilità è che l'"RNA virale" sia stato effettivamente prodotto dall'mRNA del vaccino.

Infine, tutti i vaccini approvati in Occidente istruiscono il corpo a generare la proteina spike del virus. Solo questa proteina spike - appositamente progettata per connettersi meglio ai recettori umani ACE2 - è responsabile di tutti i danni alla salute, secondo un recente studio di Pfizer in Giappone, e si diffonde in tutto il corpo dopo l'immunizzazione, anche al cervello, come mostrato in un recente studio di Nature Neuroscience.

In conclusione, la deduzione logica è la seguente:

* se il corpo è pieno di "RNA virale", che avrebbe ucciso il paziente

* ... è stato dimostrato che solo la proteina spike è la componente nociva del virus.

* e i vaccini mRNA dicono al corpo umano di produrre quella proteina spike.

* in un modo che la fa aderire alle cellule umane anche meglio della proteina spike virale.

Il paziente è morto a causa di un ADE causato dalla proteina spike.

* Non aveva Covid-19 quando è stato ricoverato con problemi di salute 18 giorni dopo la sua vaccinazione, quindi deve essere venuto (principalmente) dal vaccino.

Le persone che continuano a rassicurare gli altri e se stessi che sono stati "vaccinati mesi fa e non hanno nulla di cui preoccuparsi" dovrebbero ricordare che le ripercussioni di queste modifiche intenzionali del DNA sono simili al cancro nel senso che possono svilupparsi rapidamente ma anche lentamente. C'è solo un problema: una volta che c'è, non se ne va da solo.

I vaccini hanno già un impatto sul giudizio?

Abbiamo appena scritto: "Non c'è niente di cui preoccuparsi" È possibile, tuttavia, che alcune persone che sono state vaccinate lo facciano? Ho ricevuto un messaggio da un conoscente che diceva di aver tentato tutto il possibile per evitare che due suoi amici prendessero il vaccino. Ma è stato invano. Entrambi gli amici sono stati vaccinati nonostante ciò; uno è ora continuamente in corsa, e l'altro ha dovuto essere ricoverato in ospedale a causa di una grave trombosi (informazioni anonime pubblicate con permesso).

E, avete indovinato, i medici coinvolti dichiararono che non poteva essere collegato al vaccino ancora prima della diagnosi e dell'esame. E, stranamente, anche le vittime ci hanno creduto. Naturalmente, queste sono tutte congetture, ma questa incapacità di pensare chiaramente, prendere decisioni valide e trarre conclusioni potrebbe essere il risultato di un danno cerebrale indotto da quegli stessi vaccini?

Una bomba a orologeria su scala globale

Quando ha visto il rapporto dell'autopsia, uno specialista di malattie infettive del New Jersey ha dichiarato di essere rimasto sbalordito. 'La gente crede che solo una piccola percentuale di chi riceve il vaccino sperimenta effetti collaterali. Poiché queste proteine spike si attaccano ai recettori ACE2 in tutto il corpo, questo studio suggerisce che tutti alla fine sperimenteranno effetti negativi'.

Quell'mRNA sarebbe dovuto rimanere dove era stato iniettato, ma non l'ha fatto. Di conseguenza, le proteine spike prodotte dall'mRNA finiranno in ogni organo. E sappiamo che il danno è causato da questa proteina spike".

Capitolo 3: propaganda delle notizie false

'Come sei mesi di Fake News ti influenzano assolutamente' - Qual è la 'logica' dietro il test PCR e la presunta maggiore incidenza di 'infezioni'? : 'La terra è rotonda, e così è una frittella. Di conseguenza, il mondo è una frittella' - Il vaccino Oxford Covid è stato sviluppato in cellule renali embrionali umane che erano state geneticamente modificate.

Il professore (em.) di immunologia Pierre Capel inizia il suo ultimo 'corso' su YouTube con l'idea che 'sei mesi di Fake News possono trasformarti completamente'. Se un anno fa ti avessero chiesto se ti saresti fatto modificare geneticamente perché eri terrorizzato di prendere l'influenza, cosa avresti risposto? Quale credete sia stata la vostra risposta? Ma, dopo sei mesi di Fake News, avete cambiato idea e avete detto: "Sì, grazie! Ma sai cos'è la modificazione genetica virale? No, non ne ho idea, ma 'è la nostra unica speranza, giusto?

Capel cita anche un bollettino ufficiale dell'OMS del 14 ottobre 2020, sostenendo che l'IFR (tasso di mortalità tra i malati) per tutta la popolazione fino a 70 anni è solo lo 0,05%, e la corona è la stessa dell'influenza stagionale, anche tra gli anziani.

(Naturalmente, i media corporativi stanno sputando una nuova dose di terrore oggi, proclamando in grandi titoli che "tra marzo e giugno, 168.000 persone sono morte nell'UE più del previsto". Basta guardare le

statistiche ufficiali europee su EuroMOMO
(specialmente la linea rossa tratteggiata con "aumento
sostanziale") e vedrete che questo è ancora un altro
titolo ingannevole, palesemente manipolativo,
progettato per tenervi in un costante stato di panico in
modo che non pensiate a ciò che sta realmente
accadendo. Non è una grande preoccupazione se c'è
un'epidemia di virus.

"Parleremo di qualcosa che non è esistito, in particolare
la seconda ondata", dice Capel. Si riferisce alle cifre
ufficiali, che mostrano che non c'erano più pazienti
Covid registrati alla fine di giugno. Poi la gente è
impazzita con i test PCR. Poi si assiste a una massiccia
epidemia di "infezioni", ma è davvero così? Se questo
fosse vero, ci dovrebbe essere un aumento significativo
del numero di persone che muoiono. Invece, non c'è".

Da una pandemia comune a un'epidemia di casi fasulli

Abbiamo avuto un'epidemia che è andata avanti come
l'influenza ed è passata fino a giugno; dopo giugno,
abbiamo avuto un'"epidemia di casi", che è un'epidemia
di test PCR puramente positivi che, come sapete, non
possono mostrare alcun virus, danno il 94% di falsi
positivi, e quindi non dicono nulla sul fatto che
qualcuno sia infetto, e tanto meno malato.

L'immagine era la stessa in tutti i paesi: in primavera,
abbiamo sperimentato "una tipica infezione respiratoria
virale stagionale", che accade ogni anno. Il Covid-19

27

segue lo stesso schema del Covid-1 fino al 18. Al momento, ci sono pochissimi ricoveri in ospedale e in terapia intensiva, così come pochissimi decessi". Il test PCR è l'unico modo per identificare la seconda ondata".

Poi, nella sua caratteristica maniera semplice e accessibile a chiunque abbia un anno o più di scuola superiore, spiega come funziona tecnicamente un test PCR. Essenzialmente, il test PCR (tramite tampone naso-gola) prende una piccola quantità di RNA e la amplifica esponenzialmente: dopo 35 cicli, 1 molecola metaforica è stata aumentata di mezzo miliardo di volte. In genere, si finisce dopo 20 giri.

La Seconda Onda dell'anno scorso era composta interamente da "infezioni" inutili e non provate.

Quando si considera quanti test vengono ora eseguiti contemporaneamente, si può vedere come c'è una creazione di inneschi che non può essere sollevata per renderla completamente pura. È un grosso compito e costerà molto denaro". L'OMS voleva sapere se è così che si mostra un virus; NON lo è; si mostra solo un piccolo pezzo di virus - nessuna infezione, nessun virus vivo.

L'OMS ha deciso che un lungo test con tre primer di virus (sospetti) era troppo costoso e richiedeva troppo tempo, quindi due primer sono stati eliminati, e il terzo primer è stato testato solo per 35 giri. Un test PCR normalmente ha un moltiplicatore fino a un milione. Ma poiché non c'erano abbastanza test positivi, hanno aumentato il numero a più di mezzo miliardo! E se i tuoi primer non sono puliti, beh...".

Per dirla in un altro modo, non c'è stata nessuna pandemia, ma il governo si è sentito obbligato a prepararsi per una a prescindere. Ed è stato per questo motivo che l'uso diffuso dei test PCR è stato messo in moto.

Innanzitutto, il test PCR non fornisce alcuna informazione sulla vitalità del virus. È solo un frammento di RNA che potrebbe essere di un virus, ma potrebbe anche essere di un virus che hai avuto tre anni fa o di qualcos'altro. È qui che tutto viene immunizzato", dice il narratore. Poi mostra ancora una volta le cifre ufficiali dell'OMS. La triste realtà è che questa è l'Europa.

Il numero di 'infezioni', come le chiamano, è rappresentato dalla linea blu. Quindi è il test PCR che è risultato positivo". Le linee verde (ricoveri) e rossa (morti), invece, non seguono affatto la linea blu, e sono rimaste in gran parte invariate per mesi.

La terra è rotonda, una frittella è rotonda; quindi la terra è una frittella".

L'anno scorso il codice rosso e l'isolamento erano basati sulla linea blu, il che mostra solo quante persone sono state testate. Se la chiamiamo seconda ondata, è così!

29

Di conseguenza, un "test PCR positivo" non ha nulla a che fare con il concetto di infezione. È simile alla seguente equazione: "Il mondo è rotondo, e così è una frittella". Di conseguenza, la terra è una frittella".
Sì, alcune persone in più si sono ammalate di infezioni respiratorie l'anno scorso, ma questo succede ogni anno (a partire dall'autunno).

La mortalità in eccesso (per influenza, rinoceronte, corona, RSV e altre malattie) è stata di 7500 nel 2016-2017, 9400 l'anno successivo e 6130 nel 2019-2020. Possiamo ora osservare che la vera "seconda ondata" del 2020, basata su individui realmente malati piuttosto che su test PCR senza valore, è quella dei malati tipici della prima ondata autunnale. Quello che stiamo guardando nell'ottobre 2020, è principalmente il virus Rhino' (virus del raffreddore).

Per un (1,5) metro, il distanziamento sociale, le maschere facciali e le chiusure non hanno funzionato.

Secondo le statistiche internazionali, tutte le "misure" (1,5 metri, maschere per il viso e blocchi) sono inefficaci per un solo metro. Potremmo passare ore a mostrare grafici che dimostrano che la (storia ufficiale) non è corretta. Secondo i media, la Svezia, il ragazzo cattivo della classe, non ha preso quasi nessuna misura, ha lasciato tutto aperto e ha permesso alla società di andare avanti come al solito". E cosa crede di vedere? 'È lo stesso gradiente', dice il narratore (con addirittura un picco molto più basso dei paesi con le chiusure più severe, Italia, Gran Bretagna e Spagna).

Un altro chiaro esempio sono i 47.600 pub popolari del Regno Unito. È abbastanza impossibile mantenere una distanza di 1,5 metri lì; le maschere non vengono usate e la ventilazione è spesso scarsa. Con una media di 1.000 connessioni per bar ogni settimana, il numero totale di contatti "cattivi" è impressionante: 618.800.000 ogni settimana. Che effetto ha questo sul numero di malati e di morti? ZERO. Non c'è nessun effetto! Se le maschere e 1,5 metri fossero veramente efficaci, il numero di malati e di morti sarebbe salito alle stelle. Invece non è successo nulla.

Dopo di che, mostra un video di un test che ha condotto con numerose maschere facciali. È evidente che tutte le versioni indossate dal grande pubblico sono porose come un setaccio. Non c'è alcun effetto rilevabile nelle statistiche nelle nazioni che hanno reso obbligatorie le maschere facciali, come la Polonia e l'Austria. Di conseguenza, le maschere facciali sono inutili.

E il metro e mezzo? Niente potrebbe essere più lontano dalla verità". Per mesi, c'è stato un dibattito sì o no sul fatto che siano meglio le gocce grandi o piccole (aerosol). Gli aerosol giocano un ruolo chiave, secondo uno studio RIVM del 2010. In questo caso, bisogna mantenere una distanza di 10 metri piuttosto che di 1,5 metri. Questo non ha alcun senso. La distanza sociale distrugge l'intera società, ma non fa alcuna differenza per Covid".

Le misure sono inefficaci contro i virus, ma sono efficaci per la paura.

Le goccioline di nebbia sono significativamente più grandi degli aerosol, eppure si osserva che cadono entro 1,5 metri quando si viaggia nella foresta? No! Gli aerosol galleggiano nell'aria. L'importanza della ventilazione non può essere sopravvalutata. All'esterno, i problemi sono minori, e dopo la fine dell'epidemia, le difficoltà all'interno sono minori (ma sono legate alla ventilazione)".

Di conseguenza, possiamo dire che le contromisure del virus sono inefficaci". Ma cosa fanno esattamente? Sul timore! Sulle azioni e le interazioni sociali della gente. Tutto è rovinato! Nei paesi meno ricchi, produce povertà diffusa e altra miseria (disoccupazione di massa, un gran numero di individui malati). 'Ora stanno morendo come topi in nazioni come l'India e l'Indonesia. "Ma ehi, basta che non sia qui", aggiunge sarcasticamente Capel.

'Non è un vaccino; la proteina SARS-CoV-2 è inserita nel tuo genoma'.

Tuttavia, hanno escogitato una soluzione: La vaccinazione". Le cose sono già sfuggite di mano alcune volte con studi come la vaccinazione di Oxford (infiammazione / paralisi del midollo spinale). 'Deve essere concepibile...', continua Capel, sarcasticamente. Ma non è affatto un vaccino! È ingegneria genetica. È un adenovirus di uno scimpanzé che hanno modificato per permettergli di infettare l'uomo. Hanno clonato la proteina spike (la proteina con cui interagisce la corona) in quel virus. Questo non è un vaccino, è solo una manipolazione genetica". È stato generato in cellule renali embrionali umane che erano state geneticamente modificate.

Come fanno? La SARS-Cov-2 è una proteina che può essere inserita nel vostro genoma ed espressa in una varietà di organi. Poi si limitano ad aspettare che una risposta immunologica entri in azione e faccia qualcosa. Tuttavia, ha il potenziale per andare fuori controllo*. Se vediamo anche che gli embrioni umani vengono utilizzati per questo, e che alcuni geni tumorali vengono inseriti in essi per farli sviluppare, possiamo concludere che si tratta semplicemente di alterazione genetica".

(Qual è la nostra prospettiva? La prossima "pandemia" sarà causata dal vaccino Covid, che sarà distribuito in ancora più cicli di immunizzazione. L'obiettivo finale: ogni persona sul pianeta deve essere vaccinata e quindi geneticamente modificata su base regolare, mentre i "rifiutanti" devono essere ostracizzati e infine eliminati via).*

L'intera razza umana sarà geneticamente modificata a partire da quest'anno.

Così, a partire da quest'anno, l'intera popolazione umana sarà modificata geneticamente su una scala senza precedenti in tutto il mondo. Vaccinazione è un eufemismo per questo processo. Non è un vaccino; è una miscela di proteine di batteri o virus o frammenti di membrana mescolati con un sacco di spazzatura per stimolare il sistema immunitario. Tuttavia, se lo inietti nel corpo e provoca una reazione, se ne va. Il vaccino Oxford, invece, non è un vaccino e non sparirà".

Embrioni umani... UMANI che sono stati modificati geneticamente...

Poiché il coronavirus è soggetto ad alterazioni, non è chiaro se queste alterazioni siano presenti anche nella proteina spike del vaccino. Se non è così (e le probabilità sono abbastanza alte, se non vicine al 100%), allora questo "vaccino" è inutile.

Di conseguenza, invece della vaccinazione, viene impiegata una nuova tecnologia: l'alterazione genetica. C'è un sacco di malintesi su questo. I test sugli animali vengono omessi in fretta e furia, e si urla di tutto, e questo diventa la 'salvezza' di tutto. Capel ritrae un'immagine drammatica di un test nucleare in superficie negli anni '50 negli Stati Uniti, con centinaia di soldati che guardano da una distanza di sicurezza. Erano stati avvisati che "occhiali da sole decenti" sarebbero stati una protezione sufficiente... (Negli anni '70, quasi

tutti questi ragazzi avevano sviluppato la leucemia e
altri tumori).

Controllo della folla; la mostruosa campagna di disinformazione dei media mainstream

Quindi le procedure sono inefficaci contro il virus, ma
sono incredibilmente efficaci contro il controllo della
folla". Queste misure sono ammirevoli, ma a quale
scopo? Non ha niente a che fare con il virus. Inoltre, c'è
una campagna di disinformazione in corso (da parte dei
media mainstream, dell'OMT e del gabinetto). Siamo
costantemente assaliti da storie bizzarre, che ci rendono
tutti molto ansiosi, e seguiamo ciecamente tutte le
regole. Queste hanno un effetto, ma su cosa hanno un
effetto?

Controllo della popolazione da parte di un regime totalitario

Allora, quali sono i vantaggi delle chiusure, di 1,5 metri
e dei tappi per la bocca? Per mantenere il controllo
totalitario sulla popolazione. Poi si usano tutti i tipi di
bugie per terrorizzare la gente. Poi si inducono massicci
disagi e miseria attraverso le chiusure, come fallimenti e
carestie".

Poi si usano maschere che non hanno alcun senso per
instillare il terrore nella gente fino al punto in cui la
chiedono. Se si aumenta il terrore della gente, questa

chiederà più dittatura, come aveva previsto George Orwell.

Big Pharma - Big Data - Big Banking - Big Reset - Big Scam!

Capel conclude: "Non sono un teorico della cospirazione". Queste misure, d'altra parte, sono prescritte a livello internazionale da un'unica fonte: l'OMS, che è collegata ad altri sistemi (tra cui la partnership per il vaccino GAVI di Bill Gates). Una cosa che è evidente è che questo "vaccino", questa manipolazione genetica, sta generando una quantità significativa di entrate... Il governo ha precedentemente speso una quantità significativa di denaro (centinaia di milioni di dollari) per un vaccino che non esiste. Questa è una notevole somma di denaro per 'Big Pharma'.

Poi ti rendi conto che a tutti è richiesto di avere un'app, che può essere o meno 'chippata'. Poi ci sono i 'Big Data', il nuovo oro, e il 'Big Banking', perché i flussi di denaro saranno completamente alterati (digitalizzazione completa dei pagamenti in / dal 2021).

Allora, quanto è grande questo 'Big Reset' e 'Big Scam'? Devo dire che è incredibile, e non avrei mai potuto immaginarlo nemmeno nei miei sogni più selvaggi.

C'è un'insistenza frenetica su queste tattiche, che funzionano molto bene per il controllo della folla e la destabilizzazione della società, così ora stiamo vedendo

*passare leggi di emergenza che eliminano
completamente la democrazia".*

Poi, a marzo dell'anno successivo, ci saranno le elezioni,
proprio nel bel mezzo del Covid-20 (o Covid-21).
Diranno poi che questo è il motivo per cui non sono in
grado di indire le elezioni?

Capitolo 4: Logistica della paura

Il dottor Hodkinson, presidente da 20 anni dell'azienda biotecnologica che attualmente vende i test Covid-19, avverte che i test non dimostrano l'infezione clinica e incolpa "l'isteria mediatica e politica".

Sempre più eminenti scienziati si esprimono contro ciò che viene fatto in nome della lotta contro l'attuale coronavirus, in particolare in Occidente. Il dottor Roger Hodkinson, virologo e specialista in patologia, è stato l'ex presidente della commissione d'esame di patologia del Royal College of Physicians of Canada a Ottawa, l'amministratore delegato di un grande laboratorio medico privato a Edmonton, e l'amministratore delegato e direttore medico della Western Medical Assessments, uno dei produttori di test Covid-19, per 20 anni. La politica corona della Western è "un'isteria completamente ingiustificata", secondo il dottor Hodkinson, e "la peggiore truffa mai perpetuata sulla gente ingenua".

Il Dr. Hodkinson ha osservato durante una recente riunione pubblica video/audio di un comitato del Consiglio Comunale di Edmonton che il Covid-19 non è "niente di più che una stagione influenzale". Questo non è il virus Ebola. Non è la SARS (-1). È la politica contro la medicina, e questo è un gioco pericoloso da fare".

La semplice verità è che i media e la politica stanno alimentando una frenesia pubblica completamente

infondata. È ridicolo. Questo è il più grande
stratagemma mai perpetrato sulla gente comune".

Le maschere per il viso sono assolutamente inutili; non c'è bisogno di altre politiche".

Lo scienziato ha sottolineato che non sono necessarie
ulteriori misure oltre a ciò che si fa abitualmente
durante un'influenza stagionale. Quando eravamo
malati, stavamo a casa e mangiavamo zuppa di pollo
invece di andare a trovare la nonna". Non avevamo
bisogno di qualcuno che ci dicesse se dovevamo tornare
al lavoro o meno".

Sostiene che i paradenti sono assolutamente inefficaci.
'Non ci sono prove che funzionino... (le maschere) sono
semplicemente lì per mostrare che sei virtuoso... Vedi
tutte queste persone che marciano come lemming,
obbedendo senza fare domande e coprendosi la bocca
con un paradenti".

Tutto deve essere riaperto domani, e tutti i test devono essere fermati".

*Allo stesso tempo, la separazione sociale è inutile. Il
Covid si disperde tramite aerosol che viaggiano per 30
metri* prima di atterrare (*possibilmente 30 piedi =
circa 10 metri). Le ripercussioni impreviste delle chiusure
sono terrificanti! Come indicato nella Dichiarazione di
Great Barrington (firmata da decine di migliaia di
scienziati, medici e altri specialisti), che ho diffuso prima*

*di questa riunione, tutto dovrebbe essere di nuovo
aperto domani".*

*'Vendo i test (Covid), ma vorrei sottolineare con lettere
al neon che i risultati positivi dei test non implicano
un'infezione clinica (come i media e i politici affermano
fraudolentemente con le loro statistiche di 'infezioni')! A
meno che non ci si presenti all'ospedale con una
malattia respiratoria, (i test) causano solo frenesia
pubblica e dovrebbero essere fermati...*

*Tutto quello che dovremmo fare è proteggere i
vulnerabili e fornire da 3000 a 5000 I.E. di vitamina D a
tutti i pazienti delle case di cura ogni giorno, poiché è
stato dimostrato che questo riduce drasticamente il
(rischio di) infezione".*

**Quello che si sta facendo ora è assolutamente
ridicolo".**

Vi ricordo che secondo i dati dell'Alberta, la probabilità
di morte per le persone sotto i 65 anni è una su
300.000". Dovete darvi una regolata. Date le
ramificazioni, la portata della vostra reazione, che state
intraprendendo senza alcuna prova, è completamente
ridicola. Suicidi, chiusure di aziende, funerali, matrimoni
e altri eventi abbondano. È ridicolo, perché non è altro
che una terribile influenza".

'Lasciate che la gente faccia la propria scelta', ha
concluso Hodkinson, consigliando i governi. Dovreste

essere completamente assordanti Il direttore
provinciale della sanità pubblica vi sta ingannando. Sono
indignato che si sia arrivati a questo punto. Domani
dovrebbe finire tutto.

Capitolo 5: Infertilità Covid?

Sulla base di questi documenti ufficiali, le donne che desiderano avere figli dovrebbero pensarci due volte prima di essere vaccinate contro il Covid-19 - Comitato governativo britannico sulla vaccinazione e l'immunizzazione: "La gravidanza dovrebbe essere esclusa prima di vaccinare, e non abbiamo studiato le interazioni con altri farmaci"

I volantini e le istruzioni per la cura del vaccino 'nano' mRNA della Pfizer/BioNTech, che sarà somministrato alla popolazione britannica dalla prossima settimana, avvertono esplicitamente di non dare il vaccino ai bambini sotto i 16 anni e alle donne incinte: "Prima di vaccinare, la gravidanza dovrebbe essere esclusa". Le persone con difese indebolite - che non hanno partecipato alle fasi di sperimentazione clinica - e quelle che assumono regolarmente farmaci sono 'consigliate' di contattare prima un medico. Le donne che si fanno iniettare il vaccino devono fare attenzione a non rimanere incinte per i primi 2 mesi dopo la seconda dose, che deve essere presa 21 giorni dopo la prima.

Potreste dire: queste avvertenze non sono così anormali, vero? Si trovano anche nella maggior parte dei foglietti illustrativi delle medicine normali. In effetti, lo sono. Tuttavia, questi sono farmaci destinati a persone che soffrono di una malattia o di una condizione, non a persone sane, che ora dovrebbero tutte ricevere un vaccino Covid.

Il Joint Committee on Vaccination and Immunization ha consigliato alle donne incinte e alle donne che vogliono diventare incinte di non prendere affatto il vaccino. Questo significa che il vaccino non è semplicemente considerato sicuro per questi gruppi.

Nessun studio di interazione con altri medicinali".

Agli assistenti viene dato l'avvertimento speciale in queste istruzioni che medici e attrezzature devono essere tenuti pronti "in caso di un raro evento anafilattico in seguito alla somministrazione del vaccino". Abbiamo recentemente riportato che i documenti ufficiali mostrano che il governo britannico, tuttavia, si aspetta "un alto numero" di gravi reazioni avverse, le cosiddette A.D.R. (Adverse Drug Reactions). Le A.D.R. includono malattie gravi, malattie e disabilità a lungo termine o permanenti e decessi.

Come con qualsiasi vaccino, la vaccinazione con il vaccino Covid-19 mRNA BNT162b2 non protegge tutti i destinatari del vaccino. Non sono disponibili dati sull'uso di questo vaccino in persone che hanno precedentemente ricevuto una serie completa o parziale con un altro vaccino Covid-19. Inoltre, "non sono stati condotti studi di interazione (con altri medicinali)". Sarà chiaro perché abbiamo sottolineato questo, perché solo in Germania, milioni di persone prendono uno o più farmaci ogni giorno.

Ci sono parecchi over 16 che hanno sperimentato effetti collaterali "da lievi a moderati" durante le fasi di test: L'80+% ha avuto dolore al sito di vaccinazione, il 60+% ha sperimentato stanchezza, il 50+% mal di testa, il 30+% dolori muscolari, il 30+% brividi, il 20+% dolori articolari e il 10+% febbre. Questi effetti collaterali "di solito sono scomparsi pochi giorni dopo la vaccinazione". Arrossamento e gonfiore del sito di iniezione e nausea erano anche tra gli effetti collaterali "frequenti".

Nessun test con persone con un sistema immunitario indebolito

Le persone con un sistema immunitario palesemente indebolito sono state escluse dalle fasi di sperimentazione clinica. Nella seconda fase, anche se il 40% dei soggetti del test erano persone oltre i 56 anni, le statistiche mostrano che il Covid-19 non rappresenta quasi nessun pericolo per le persone fino a 70 anni (l'IFR confermato dall'OMS è solo dello 0,05%). Le persone oltre i 70 anni sono state testate? Presumibilmente no, dato che la maggior parte di loro ha un sistema immunitario indebolito o addirittura non funzionante.

Infatti, lo stesso governo britannico non è nemmeno sicuro che il vaccino funzioni: "Il vaccino suscita sia anticorpi neutralizzanti che una risposta immunitaria cellulare all'antigene spike (S), che può aiutare a proteggere dalla malattia Covid-19". (grassetto e sottolineato aggiunto). Questo da solo annulla l'efficacia media del 95% durante le fasi di sperimentazione clinica riportate anche in queste istruzioni. Quella percentuale si basa anche sul test PCR, ora totalmente sfatato per questo scopo, che è stato utilizzato per testare i partecipanti sia nel gruppo vaccinato che nel gruppo placebo per vedere se erano diventati 'infetti'.

Sconosciuti gli effetti sulla fertilità e lo sviluppo umano

Ma non si ferma qui. Le istruzioni per i fornitori di assistenza sanitaria affermano letteralmente che "non è noto se il vaccino Covid-19 mRNA BNT162b2 influenzi la fertilità. Ciò significa che c'è una possibilità che questo vaccino possa renderti sterile.

Al punto 4.6 "Fertilità, gravidanza e allattamento" si afferma che "non ci sono dati, o ce ne sono pochi, sull'uso del vaccino Covid-19 mRNA. Gli studi di tossicità riproduttiva sugli animali non sono stati completati. Il vaccino Covid-19 mRNA BNT162b2 non è raccomandato durante la gravidanza. Per le donne in età fertile, la gravidanza deve essere esclusa prima della vaccinazione. Inoltre, alle donne che possono dare alla luce bambini dovrebbe essere consigliato di evitare la gravidanza per almeno 2 mesi dopo la loro seconda dose".

Nella sezione 5.3 "Dati preclinici di sicurezza" si ribadisce che "I dati non clinici non mostrano alcun pericolo speciale per gli esseri umani sulla base di uno studio convenzionale con dosi ripetute di tossicità. Gli

45

studi sugli animali sulla potenziale tossicità per la riproduzione e lo sviluppo non sono stati completati". (enfasi aggiunta)

Lasciate che questo affondi per un momento.

Le prove sugli animali per vedere se questo vaccino ha qualche effetto sulla riproduzione, cioè la riproduzione, e lo sviluppo, non sono nemmeno state completate. Questo significa che non abbiamo idea (ancora?) se questo vaccino influenzerà la riproduzione e lo sviluppo di chiunque lo riceva. O forse un'idea ce l'hanno, e sono rimasti così scioccati dai risultati che hanno deciso di non completare nemmeno i test sugli animali?

Presunto informatore GSK: "Il vaccino ha causato il 97% di sterilità nella fase di test

Il 21 novembre, abbiamo scritto nel nostro articolo "Nano particelle nel vaccino Pfizer secondo il ministro De Jonge 'rischio', ma il vaccino ci sarà comunque": Il presentatore americano David Knight ha recentemente citato un whistleblower del gigante farmaceutico GSK (il link funziona di nuovo), che ha rivelato che i cosiddetti adiuvanti 'anti-HCG' (ormoni) nei vaccini corona causano il 97% di sterilità. Infatti, durante una sperimentazione clinica del vaccino GSK, 61 donne su 63 sono risultate sterili.

In una variante sviluppata per gli uomini con un anti-GNRH (ormone), i testicoli si ridurrebbero, i livelli di testosterone scenderebbero e il DNA mitocondriale nello sperma sarebbe distrutto, causando infertilità nelle donne. Questo sarebbe stato osservato durante i test del vaccino sui babbuini.

Secondo il portavoce britannico di Govote.org, di cui Knight ha mostrato un videoclip, questo si tradurrà in masse di persone che moriranno a causa dei vaccini Covid-19 nei prossimi anni, mentre virtualmente non nasceranno più bambini. Se questa è la loro intenzione, avremo una massiccia riduzione della popolazione globale, di cui Bill Gates parla da anni". Ecco perché Govote.org vuole che i vaccini siano testati in laboratori indipendenti.

Il vaccino può attaccare una proteina essenziale nelle donne rendendole sterili

I vaccini mRNA programmano il corpo stesso a produrre anticorpi contro la proteina "spike" del virus SARS-CoV-2. Le seguenti informazioni non confermate a questo proposito necessitano di ulteriori studi e verifiche: "Le proteine spike contengono anche protieni omologhi alla syncytin, che sono essenziali per la formazione della placenta nei mammiferi come l'uomo. Dovrebbe essere assolutamente escluso che un vaccino contro la SARS-CoV-2 possa innescare una risposta immunitaria contro la sincitina-1, perché altrimenti potrebbe verificarsi infertilità di durata indefinita nelle donne vaccinate".

Il vaccino contiene una proteina spike chiamata syncytin-1, vitale per la formazione della placenta umana nelle donne. Se (il vaccino) funziona e si forma così una risposta immunitaria contro la proteina spike, stiamo anche allenando il corpo femminile ad attaccare la sincitina-1, che può portare all'infertilità nelle donne.

Dato che questi vaccini ci vengono imposti, ma nonostante ciò vi viene data in anticipo la piena responsabilità se le cose vanno male, questo significa quindi che SE voi come donna o uomo diventate davvero sterili a causa di questo vaccino, la colpa è tutta vostra. Dopo tutto, i produttori e le autorità mediche non si ritengono già responsabili di questo. Tuttavia, sarete presto puniti se rifiutate queste vaccinazioni, e potrebbe esservi negato l'accesso ad aerei, edifici, negozi ed eventi. E questo sarà probabilmente solo l'inizio della totale esclusione sociale e societaria.

Capitolo 6: Niente più libertà

La Federal Occupational Safety and Health Administration (OSHA) degli Stati Uniti sta avvertendo i datori di lavoro che saranno ritenuti responsabili per qualsiasi danno alla salute dei loro dipendenti se sono tenuti a essere vaccinati contro il Covid-19. Questo potrebbe diventare una questione delicata anche in Europa, dato che il governo ha respinto in anticipo ogni responsabilità governativa e l'ha messa sul piatto degli operatori sanitari. Se alla fine nessuna agenzia vuole assumersi la responsabilità, allora in vista dei diritti umani queste vaccinazioni non possono essere direttamente o indirettamente rese una condizione per ottenere o avere un lavoro, o l'accesso a edifici ed eventi, come è ora l'intenzione.

Se un lavoratore americano è costretto ad essere iniettato con queste terapie geniche sperimentali mRNA confezionate come "vaccini" e successivamente rimane cieco o paralizzato, o addirittura muore, questo infortunio sarà considerato "legato al lavoro", il che renderà il suo datore di lavoro responsabile. Le linee guida affermano anche che i datori di lavoro sono tenuti a registrare gli effetti collaterali (gravi) e le reazioni avverse dopo le vaccinazioni Covid nei loro dipendenti.

La nuova direttiva dell'OSHA è stata pubblicata il 20 aprile, ed è stata una risposta alle aziende e alle istituzioni che avevano annunciato che tutti i loro dipendenti dovranno essere vaccinati, come la rete dell'ospedale Methodist di Houston. Coloro che si rifiutano saranno prima sospesi e poi licenziati.

I vaccini hanno solo l'autorizzazione di emergenza

Si prevede che questa organizzazione ospedaliera e molti altri datori di lavoro saranno citati in giudizio se seguiranno questi piani e i loro dipendenti si ammaleranno o moriranno. Secondo il sistema di registrazione VAERS, quasi 200.000 americani hanno già subito danni alla salute dai vaccini Covid-19, e quasi 4.000 sono morti. Quasi 20.000 sono stati gravemente danneggiati (a lungo termine o permanente) (malattie autoimmuni, paralisi, cecità, la malattia muscolare ALS, Creutzfeld-Jakob, Alzheimer, ecc).

America's Frontline Doctors (AFLDS) avverte che i vaccini - come in Europa - hanno solo una licenza di emergenza temporanea, e solo per questo non possono essere imposti a nessuno. 'L'autorizzazione d'emergenza della Food & Drug Administration statunitense afferma specificamente che gli individui dovrebbero avere la libera scelta di accettare o rifiutare questi vaccini', spiega LifeSiteNews. 'Molti sottolineano che qualsiasi licenziamento per aver rifiutato i vaccini mina assolutamente la vostra necessaria libertà'.

Tuttavia, la Corte europea dei diritti umani ha recentemente stabilito che le vaccinazioni obbligatorie sono legali. Eppure, anche nei Paesi Bassi, nessun lavoratore dovrebbe accettare automaticamente che Il suo capo richieda una vaccinazione Covid-19 come condizione per mantenere il posto di lavoro, o continuare a fare il lavoro per cui si è stati assunti.

51

Capitolo 7: Nessuna assistenza sanitaria

Alcuni medici sono così indottrinati e terrorizzati che danno la colpa ai malati stessi: "Il mio datore di lavoro mi ha fatto molta pressione perché fossi vaccinato".

The Highwire, il programma americano di salute su Internet in più rapida crescita che ha già più di 75 milioni di spettatori, ha recentemente focalizzato l'attenzione su una tendenza preoccupante negli Stati Uniti che potrebbe verificarsi anche in altri paesi occidentali. Infatti, sempre più medici si rifiutano di curare le persone che soffrono di gravi effetti collaterali e reazioni avverse dopo la vaccinazione con un vaccino Covid-19. La ragione è ovvia: l'establishment politico e farmaceutico ha effettivamente canonizzato questi vaccini geneticamente manipolati. Se la gente si ammala molto o addirittura muore a causa di essi - negli Stati Uniti nel 2021 ci saranno già il 4000% in più di vittime dei vaccini che in tutto il 2020 per tutte le altre vaccinazioni messe insieme - allora le istruzioni sono che non può e non deve essere colpa del vaccino. I medici che tuttavia osservano questo devono temere per il loro lavoro e la loro carriera.

Alcuni medici sono così indottrinati che danno la colpa ai malati stessi. Chiamano le persone che soffrono di gravi effetti collaterali dopo la vaccinazione pazienti con un 'disturbo di conversione', temendo di mettere nella loro cartella che il vaccino è la probabile causa. (O, in

52

altre parole, 'torna a casa, signorina, perché è tra le tue orecchie').

Il 4 gennaio, sono stata messa sotto pressione dal mio datore di lavoro per farmi vaccinare", ha raccontato Shawn Skelton. Dopo aver ottemperato, ha subito sperimentato effetti collaterali come lievi sintomi simili all'influenza. 'Ma alla fine della giornata, le gambe mi facevano così male che non ce la facevo più. Quando mi sono svegliata il giorno dopo, la mia lingua aveva delle contrazioni, e poi è andata sempre peggio. Il giorno dopo ho avuto convulsioni in tutto il corpo. Questo è durato 13 giorni".

'Troppa paura di curarci', dicono.

Un medico mi ha detto che la diagnosi era: 'Non so cosa c'è di sbagliato in te, quindi ti incolpiamo'", ha detto un altro. Skelton ha elaborato. I medici semplicemente non sanno come affrontare gli effetti negativi del vaccino mRNA. Credo anche che ne siano terrorizzati. Sono senza parole sul perché nessun medico vuole aiutarci".

Altri due operatori sanitari, Angelia Desselle e Kristi Simmonds hanno avuto esperienze simili. Anche loro hanno sofferto di convulsioni, e anche i loro medici si sono rifiutati di curarle. Un neurologo ha rifiutato il rinvio via e-mail di Desselle. Era uno specialista in disturbi del movimento, cosa di cui pensavo di aver bisogno. Il mio medico di base ha detto che sembrava che avessi un Parkinson avanzato. Ma mi ha risposto via e-mail che aveva compiti molto complessi e non poteva vedermi in quel momento".

Poiché anche altri medici le hanno tenuto la porta chiusa, è andata da un neurologo senza dire che era stata vaccinata contro il Covid-19. Non volevo essere mandata via di nuovo. Ma è nella mia cartella clinica, così quando l'ha guardata ha detto 'così hai preso il vaccino? E io ho detto 'sì, ma non volevo darle questa informazione perché ho bisogno di aiuto'. Ora sta finalmente ricevendo un trattamento per i suoi attacchi di emicrania.
In Europa, i medici generici e gli specialisti sono soggetti a regolamenti rigorosi.

Non sappiamo se anche i medici generici in Europa si rifiutano di curare i pazienti vaccinati che si ammalano. Tuttavia, è loro vietato prescrivere farmaci di provata efficacia e sicurezza a pazienti (sospetti) affetti da corona, come l'idrossiclorochina e l'Ivermectina. Niente dovrebbe minacciare il "santo" programma di vaccinazione di massa - recupero: programma di ingegneria genetica, dopo tutto.

In Europa, i medici generici e gli specialisti sono soggetti a regolamenti rigorosi.

Non sappiamo se anche i medici generici in Europa si rifiutano di curare i pazienti vaccinati che si ammalano. Tuttavia, è loro vietato prescrivere farmaci di provata efficacia e sicurezza a pazienti (sospetti) affetti da corona, come l'idrossiclorochina e l'Ivermectina. Niente dovrebbe minacciare il "santo" programma di vaccinazione di massa - recupero: programma di ingegneria genetica, dopo tutto.

All'inizio di quest'anno, il governo ha messo ogni responsabilità per le conseguenze delle vaccinazioni Covid sulle spalle degli operatori sanitari e delle persone che sono vaccinate con esse. Non è quindi inconcepibile che gli operatori sanitari e gli specialisti in Europa siano riluttanti a riconoscere, e tanto meno a trattare, le vittime delle vaccinazioni come tali.

Capitolo 8: agenda 5G

I governi vogliono far passare il 5G perché permette ai cittadini di essere tracciati e monitorati 24/7/365

Il numero di scienziati che hanno grandi riserve sull'introduzione del 5G è in costante aumento. L'epidemiologo britannico professor John William Frank dell'Università di Edimburgo chiede che l'introduzione del 5G in tutto il mondo sia sospesa per il momento, fino a quando non sarà confermato e dimostrato in modo indipendente che la tecnologia è sicura e non costituisce un pericolo per la salute Fino ad ora, i governi si sono affidati quasi esclusivamente agli studi delle (o sponsorizzati dalle) grandi aziende Tech, e naturalmente non metteranno mai a rischio i loro profitti miliardari rifiutando i loro stessi prodotti.

Il professor Frank non è contro il 5G, ma pensa che siano state fatte troppe poche ricerche su di esso. Ecco perché sostiene che è meglio peccare di cautela e congelare il lancio dei nuovi sistemi di traffico dati mobile per ora.

Ci sono molte più antenne e molte più radiazioni EMF.

Frank, come molti altri accademici, scrive nel Journal of Epidemiology & Community Health che la minaccia principale del 5G è la massiccia densità di antenne necessaria per queste frequenze estremamente alte. Ogni pochi lampioni, una nuova antenna deve essere collocata, esponendo le persone a ancora più radiazioni elettromagnetiche (EMF). Una commissione federale di specialisti negli Stati Uniti ha riconosciuto il danno alla salute che le reti esistenti come 4G e WiFi possono causare.

Nonostante questo, quasi nessuna ricerca epidemiologica credibile sull'impatto del 5G sulla salute umana è stata intrapresa, secondo il professore. Inoltre, il 5G impiega non solo frequenze considerevolmente più alte, ma anche una tecnologia di supporto completamente nuova per gestire enormi volumi di dati. Perché il 5G funzioni, miliardi di antenne e amplificatori di segnale devono essere messi ogni 100-300 metri intorno al pianeta. I prossimi 3.236 satelliti 5G di Amazon, così come i 12.000-30.000 che Elon Musk prevede di mettere in orbita, copriranno presto aree dove le antenne non sono concepibili.

Un numero crescente di ingegneri, scienziati e medici di tutto il mondo sta esortando i paesi ad aumentare i loro standard di sicurezza RF-EMF, a commissionare più e migliori ricerche, e a fermare ulteriori aumenti dell'esposizione pubblica fino a quando non ci saranno prove più forti che è sicuro.

Il principio di precauzione impone di fermare la diffusione del 5G.

Il professor Frank non è convinto che il 5G e altri campi elettromagnetici siano dannosi per la salute e l'ambiente, nonostante il fatto che l'OMS e una serie di esperti di tecnologia affermino il contrario. Egli ritiene che la diffusione del 5G dovrebbe essere fermata immediatamente a causa del "principio di precauzione". Non si dovrebbero correre rischi inutili quando si tratta di salute umana. Questa premessa dovrebbe essere un motivo sufficiente per "dichiarare un divieto di tale (5G) esposizione, in attesa di un'adeguata indagine scientifica sui presunti rischi per la salute".

Continua a spiegare che non c'è alcuna necessità impellente di lanciare il 5G ad una velocità elevata in termini di salute e sicurezza pubblica. Viene fatto principalmente perché la nuova tecnologia fornirà una spinta significativa all'industria Big Tech. Con l'attuale rete 4G, i consumatori non mancano di connessioni rapide di dati mobili.

I governi vogliono che il 5G sia implementato il prima possibile per avere un controllo globale completo.

Frank trascura di aggiungere che i governi sono investiti nel 5G tanto quanto i colossi della tecnologia e dei media. La Bill & Melinda Gates Foundation e il braccio di sviluppo tecnologico del Pentagono, DARPA, hanno collaborato con l'azienda tecnologica Profusa per sviluppare un biosensore nanotech impiantabile fatto di idrogel (una sostanza simile a una lente a contatto morbida) che può essere iniettato insieme a un vaccino e applicato appena sotto la pelle, dove si fonde effettivamente con il tuo corpo. Tutte le informazioni su se stessi, sul proprio corpo e sulla propria salute possono essere controllate a distanza grazie alla componente nanotecnologica.

Di conseguenza, il 5G abilita un sistema globale di controllo totalitario che le dittature del passato potevano solo sognare. Permetterà che la posizione, i movimenti e le azioni di chiunque - e, in un futuro non troppo lontano, i pensieri e le emozioni - siano tracciati, monitorati e manipolati 24 ore al giorno, sette giorni alla settimana, mentre tutte le informazioni personali, come lo stato delle vaccinazioni e i saldi bancari, saranno immediatamente accessibili. A questo sistema sono collegate innumerevoli telecamere di sorveglianza con riconoscimento facciale e controllo dello stato di credito sociale, così come il sistema Microsoft (con brevetto n. 2020-060606) che converte il proprio corpo in un mezzo di pagamento (e prova di identità/vaccinazione) che è già in fase di test.

Secondo alcuni, è necessaria una distanza di almeno un metro e mezzo perché questo sistema funzioni correttamente, perché i segnali possono essere interrotti se i corpi sono troppo vicini.

Non è chiaro se questo sia vero, ma senza il distanziamento sociale, le telecamere di sorveglianza (e anche gli smartphone) avranno un tempo molto più difficile per scansionare tutte le fronti in una folla affollata in tempo reale per la presenza dell'enzima fluorescente M-Neongreen / Luciferase, il marchio iniettato che in futuro potrebbe servire come prova che sei stato correttamente vaccinato e quindi hai accesso alla società.

C'è una teoria della cospirazione?

Dato che più scienziati e altri professionisti hanno dichiarato per mesi che 1,5 metri non fa alcuna differenza nella presunta trasmissione di un virus, è passato il tempo che più persone si chiedano perché la "separazione sociale" deve continuare a essere applicata senza sosta. Sfortunatamente, certe strane teorie di cospirazione, come il fatto che il 5G scatenerebbe il coronavirus, e azioni terribili, come dare fuoco alle torri di trasmissione, hanno inquinato le reali preoccupazioni per il 5G (intenzionalmente?).

I politici, l'industria tecnologica e tutti i media e le riviste mainstream che dipendono l'uno dall'altro in qualsiasi modo sostengono invariabilmente che queste sono tutte "teorie di cospirazione" sfatate, ma quando anche il venerabile Scientific American ha pubblicato un articolo il 17 ottobre 2019, con il titolo "Non abbiamo motivo di credere che il 5G sia sicuro - Contrariamente a quanto dicono alcune persone, ci possono essere rischi per la salute".

'Biosensore nanotecnologico impiantabile 5G già nel 2021 nei vaccini Covid-19' L'umanità che si evolve in transumano in futuro è integrata con un sistema di controllo digitale globale.

DARPA, il braccio di sviluppo tecnologico del Pentagono, e la Fondazione Bill e Melinda Gates stanno lavorando con Profusa per sviluppare un biosensore nanotech impiantato costruito in idrogel (sostanza simile a una lente a contatto morbida). Questo biosensore, che ha le dimensioni di un chicco di riso, viene iniettato con un vaccino e posizionato appena sotto la pelle, dove si fonde con il corpo. Attraverso il 5G, la componente nanotecnologica permette il monitoraggio a distanza di tutte le informazioni su se stessi, sul proprio corpo e sulla propria salute.

È probabile che la FDA approvi il biosensore, che può anche ricevere informazioni e comandi, all'inizio del 2021, giusto in tempo per la prevista campagna globale del vaccino Covid-19.

A marzo, DefenseOne ha riferito di un biosensore hydrogel che è "inserito sotto la pelle con un ago ipodermico". Contiene, tra le altre cose, una molecola specificamente ingegnerizzata che emette un segnale fluorescente una volta che il corpo inizia a combattere un'infezione. Questo segnale viene rilevato dal componente elettronico attaccato alla (/nella) pelle, che successivamente trasmette un avviso a un medico, un sito web o un'agenzia governativa. È fondamentalmente un laboratorio di sangue basato sulla pelle che può rilevare la risposta del corpo alla malattia anche prima che appaiano altri segni come la tosse".

Tutti i processi fisiologici sono monitorati da biosensori e trasmessi su 5G.

Il biosensore non sarà percepito come un intruso dal corpo e attaccato come risultato del suo uso di idrogel, ma invece si integrerà con esso. Il sensore può anche tracciare i vostri livelli ormonali, la frequenza cardiaca, la respirazione, la temperatura corporea, la vita sessuale, le emozioni e qualsiasi altra cosa, secondo il produttore. Tutti questi dati saranno presto consegnati ad ogni autorità medica e governativa via 5G.

Profusa sta ora lavorando ad uno studio con l'Imperial College, che è stato reso famoso dalle sue ridicole previsioni di sventura su Covid-19, che sono state rapidamente dimostrate essere completamente false. Le chiusure, l'isolamento sociale e il relativo parziale collasso dell'economia, così come la rimozione di molte libertà civili, erano tutte fondate su queste.

L'essere umano transumano è integrato con il sistema di controllo digitale globale

Il biosensore, che potrebbe quindi essere incorporato nei vaccini Covid-19 già nel 2021, si avvicina molto alla realizzazione dell'aspirazione di un umano transumano, in cui tutti sono totalmente controllabili e persino governabili. Il "nuovo umano", o l'umano 2.0 come immaginato dall'élite tecnologica intorno a Bill Gates e Elon Musk, sarà gradualmente trasformato in una sorta di cyborg da qui al 2025-2030, e diventerà parte integrante - e quindi irreversibile - di un sistema di controllo digitale globale, in cui le libertà personali saranno completamente scomparse, e anche il libero arbitrio umano sarà stato tolto.

Capitolo 10: Proteste per i passaporti dei vaccini

Più di 70 parlamentari si mobilitano contro questa "trappola atroce

In una lettera aperta al primo ministro Boris Johnson, più di 1.200 leader cristiani britannici gli hanno chiesto di non adottare i passaporti per i test e le vaccinazioni.

In effetti, la etichettano come "la proposta più pericolosa in assoluto" poiché equivale a "una forma non etica di pressione" per costringere le persone a farsi testare o vaccinare da Covid-19.

Varie denominazioni, tra cui anglicana e cattolica, hanno dei leader nella chiesa. Essi credono che i test e i passaporti vaccinali siano il precursore di uno "stato di sorveglianza", uno stato di controllo totalitario, e che metteranno fine a ciò che resta della democrazia liberale.

Il governo di Londra sostiene che non è stata presa alcuna decisione definitiva, ma tutti gli indicatori indicano che questi passaporti per i test/vaccinazioni arriveranno presto, proprio come hanno fatto in Europa.

Inizialmente saranno commercializzati come un passaporto per una maggiore "libertà" (ristorazione, eventi, shopping, ecc.), ma man mano che diventeranno

più diffusi, gli standard diventeranno sempre più severi,
finendo per eliminare completamente dalla società le
persone non testate e non vaccinate.

**"Apartheid medica" è un termine usato per descrivere
un sistema di discriminazione medica.**

Secondo i leader della chiesa, tali passaporti risultano in
"apartheid medica... Stabilisce uno stato di sorveglianza
in cui il governo controlla alcune parti della vita dei
cittadini attraverso la tecnologia. Nel corso di pochi
anni, quel "certo" minaccia di essere esteso a TUTTI i
settori.

Questa è una delle idee politiche più pericolose mai
fatte nella storia della politica britannica", avvertono i
leader della chiesa, che sottolineano che non
negheranno mai a coloro che non hanno un tale
passaporto l'accesso alle loro chiese,
indipendentemente dalla decisione del governo.

**'Discriminazione' e 'orribile trappola' sono due parole
che mi vengono in mente.**

Più di 70 legislatori britannici hanno protestato
apertamente contro il previsto test/passaporto di
vaccinazione all'inizio di questo mese. Essi sostengono
che avere bisogno di mostrare tale prova per entrare in
un pub, per esempio, è discriminatorio. Inoltre crea
ulteriori divisioni sociali. (In ogni caso, l'intero approccio
dell'Occidente è basato sul "divide et impera").

Il deputato conservatore Steve Baker ha persino definito questi passaporti "una brutta trappola". Il leader laburista Sir Keir Starmer ha espresso "grande allarme" per questa incombente nuova forma di discriminazione.

Capitolo 11: Protesta = Terrorismo?

Nessuno vuole sentirlo, nessuno è autorizzato a dirlo, ma tutti sanno dove potrebbe andare a finire.

Mentre l'Europa procede a tutto vapore verso l'attuazione della discriminazione ufficiale dividendo la società in "buoni" (testati/vaccinati) e "cattivi" (non testati/non vaccinati), la prima palla viene lanciata negli Stati Uniti per quello che è l'obiettivo finale di cose come i passaporti per i vaccini: la completa rimozione delle persone "cattive" dalla società. La nota rivista Nature ha pubblicato un appello all'ONU e a tutti i governi affinché prendano misure dure come la roccia per fermare "l'aggressione anti-vax". Ecco come tu, come persona non vaccinata, sarai presto visto e trattato: come un terrorista.

Il fascismo di maniaci assassini come Hitler e Stalin sta facendo un pieno ritorno. Il pediatra texano Peter Hotez è diventato un idolo della corona così estremo che mette le persone che sono critiche nei confronti delle vaccinazioni alla pari con i criminali informatici e il terrorismo nucleare. Usando un vero e proprio linguaggio di guerra, chiede una "controffensiva" da parte dei governi per attaccare e mettere a tacere chiunque si opponga alle vaccinazioni.

Controffensiva contro le nuove forze distruttive

Fermare la diffusione del coronavirus richiede una controffensiva di alto livello contro nuove forze distruttive", scrive Hotez. Gli sforzi devono estendersi alle aree della sicurezza informatica, dell'applicazione della legge, dell'educazione pubblica e delle relazioni internazionali". Una task force inter-agenzie di alto livello che riferisca al segretario generale delle Nazioni Unite potrebbe fare il punto sull'impatto globale dell'aggressione anti-vaccino e proporre misure dure ed equilibrate".

Questa task force dovrebbe includere esperti che hanno affrontato minacce globali complesse come il terrorismo, gli attacchi cibernetici e l'armamento nucleare. In effetti, l'anti-scienza si sta avvicinando a un livello simile di minaccia. È sempre più chiaro che è necessaria una controffensiva per promuovere le vaccinazioni".

Polizia e militari contro gli oppositori dei vaccini

Hotez parla di "attacchi mirati agli scienziati" presumibilmente commessi dagli anti-vaxxer, ma non cita un solo esempio concreto. Per fermare questa "aggressione" fittizia, sostiene letteralmente attacchi mirati (armati) contro gli anti-vaxxers. In effetti, vuole che il governo usi la polizia e l'esercito per affrontare i critici e i rifiutatori di vaccini - in realtà persone che rifiutano di prendere parte a questi esperimenti di manipolazione genetica, che, secondo le statistiche ufficiali dell'UE, hanno già fatto un numero enorme di vittime.

Con questo appello oltraggioso, Nature, che era già completamente al soldo della mafia internazionale dei vaccini, che ora sta portando avanti un mostruoso esperimento genocida su tutta l'umanità con l'aiuto di quasi tutti i governi, ha perso una volta per tutte la sua credibilità.

La violenza grossolana contro le persone "sbagliate" è considerata di nuovo ok

La violenza grossolana contro uomini, donne e bambini innocenti è evidentemente considerata di nuovo ok. Abbiamo messo in guardia per anni contro il ritorno e persino il superamento degli anni '30 e '40, e ora sta accadendo. Se questo non viene fermato, se la gente non si solleva in massa contro questo potenziale peggior crimine contro l'umanità di sempre, finirà irrimediabilmente come negli anni '40, cioè con "strutture" dove le persone "sbagliate" indesiderate vengono rinchiuse e messe al sicuro in modo che il resto della società possa tornare a comportarsi "in sicurezza".

O in altre parole: con i campi di concentramento.

Finché la gente continua a negare che una ripetizione di questa storia orribile sia possibile, finché la gente si rifiuta di affrontare i paralleli agghiaccianti con la

Germania nazista, le forze globaliste della vaccinazione
possono continuare senza ostacoli.

I russi l'hanno fatto di nuovo

E 'naturalmente' anche secondo Hotez 'i russi' sono
dietro tutta la 'disinformazione sui vaccini'. Poi
dimentichiamo per un momento che la Russia è stata
una delle prime a sviluppare un vaccino e a cominciare a
somministrarlo alla sua popolazione.

Non importa, perché dall'anno scorso anche i media
occidentali hanno definitivamente gettato via il loro
ultimo brandello di finta indipendenza e obiettività, e
sono persino orgogliosi di funzionare come organi di
propaganda dell'establishment occidentale e del culto
globalista del clima-vaccino. A proposito, sono anni che
scriviamo che "i russi" saranno incolpati di quasi tutto, e
questo ha lo scopo di farvi acconsentire - o addirittura
invocare - la prevista terza guerra mondiale contro la
Russia, e molto probabilmente anche contro la Cina.

L'umanità governata da mostri senza scrupoli

Mostri senza scrupoli sono alla guida dell'umanità che,
attraverso l'obbedienza cieca e la docilità
incondizionata, si sta trasformando essa stessa, passo
dopo passo, in un mostro altrettanto senza scrupoli.
Non è ancora troppo tardi, ma resta poco tempo per
fermare i test obbligatori e i passaporti vaccinali, seguiti
da test e vaccinazioni obbligatorie, e poi l'incarcerazione

70

e l'eventuale rimozione dei non vaccinati "sbagliati" -
agli occhi di Hotez i nuovi "terroristi".

71

Capitolo 12: Tamponi assassini?

Basse concentrazioni di proteina spike hanno già cambiato il sistema respiratorio e immunologico delle persone vaccinate - Le indicazioni che le persone vaccinate possono essere un pericolo per gli individui non vaccinati stanno diventando più forti -.

Un governo che si preoccupa della vostra salute sospenderebbe subito le vaccinazioni.

Le critiche ai vaccini Covid-19 si gonfiano anche dalla scienza attiva consolidata.

Il Dr. Lee Makowski, presidente del dipartimento di bioingegneria alla Northeastern University, avverte nella rivista Viruses che c'è una crescente evidenza che la proteina spike, che è prodotta dal corpo umano all'istruzione di TUTTI i vaccini corona, può causare gravi danni alla salute e persino la morte.

I politici, i media e le agenzie come il CDC e la WHF sostengono che la proteina spike è "innocua", e i vaccini Covid che fanno produrre al corpo questa proteina sono "sicuri".

Tuttavia, un numero crescente di scienziati attivi e affermati stanno vedendo sempre più prove che è vero proprio il contrario.

Danni, infezioni gravi e morte da questi vaccini?

Il titolo dell'articolo del Dr. Makowski nella rivista Viruses dice tutto:

'I vaccini Covid progettati per creare immunità alla proteina spike causano invece danni, infezioni gravi e morte?

I ricercatori hanno scoperto che anche a basse concentrazioni, la proteina spike induce cambiamenti genetici nel tratto respiratorio, e influenza direttamente la risposta del sistema immunitario all'infiammazione e ai virus. Infatti, secondo il dottor Makowski, sembra che solo la proteina spike sia responsabile degli ormai famigerati coaguli di sangue, piuttosto che il (presunto) virus SARS-CoV-2 stesso.

Se questo è confermato da più scienziati, allora i vaccini Covid-19 - che indipendentemente dalla loro modalità d'azione (mRNA, adenovirus/vettore virale, DNA) codificano tutti per la proteina spike - sono ancora più pericolosi per la salute umana che gli scienziati critici hanno già sospettato dall'anno scorso.

I vaccinati stanno diventando punti caldi di infezione ambulanti?

Inoltre, sta diventando plausibile che il dottor Lee Merritt possa avere ragione, e che la proteina spike prodotta nelle persone vaccinate sia trasmissibile ad altri. In altre parole, le persone vaccinate diventano fabbriche ambulanti di spike, e quindi potrebbero anche infettare le persone non vaccinate con una malattia autoimmune dannosa e potenzialmente mortale.

Gli scienziati dello Sloan Kettering Institute lanciano un altro avvertimento altrettanto terribile: l'mRNA nei vaccini può causare la soppressione delle proteine che impediscono lo sviluppo del cancro. Così, i vaccini Covid aumentano il rischio di ammalarsi di cancro.

Il dottor Whelan dell'UCLA ha avvertito la FDA di gravi danni alla salute

Nel dicembre 2020, il Dr. J. Patrick Whelan dell'UCLA ha avvertito la FDA degli Stati Uniti che la "proteina virale spike che è l'obiettivo degli importanti vaccini Covid è anche una delle principali sostanze che causano danni ad organi più lontani, forse compreso il cuore, i polmoni e i reni".

Il Dr. Whelan ha spiegato che non è il virus, ma la proteina spike che è responsabile del fatto che alcune persone hanno difficoltà a riprendersi dal Covid-19, e spesso continuano ad avere problemi di salute a lungo termine, compresi problemi di cuore.

Questo perché la proteina spike si lega ai recettori ACE-2 nel cuore, e anche nel cervello e in altri organi come il fegato e i reni. Questo può danneggiare anche i più piccoli vasi sanguigni.

Whelan ha quindi chiarito alla FDA che la proteina spike "nei" vaccini causa gravi problemi di salute.

Patologi e dentisti indicano anche la proteina spike come colpevole

Il dottor Richard Vander Heide, professore di patologia alla Louisiana State University, ha eseguito delle autopsie sulle morti di Covid-19 ed è arrivato alla stessa conclusione: i coaguli di sangue, di cui alcuni dei deceduti sono pieni, sono causati dalla proteina spike.

Le persone in sovrappeso sono particolarmente a rischio, perché spesso soffrono di infiammazione cronica.

Anche i dentisti stanno lanciando l'allarme. Vedono pazienti precedentemente sani che ora si infiammano le gengive, e pensano che la proteina spike sia il colpevole.

La Pfizer sta facendo esperimenti anche su bambini, neonati e bambini piccoli

Un medico californiano di 40 anni che si occupa di medicina della gravidanza ha descritto la prima dose del vaccino Pfizer in una paziente come "un'uccisione del feto", causando l'aborto spontaneo della donna sei giorni dopo.

Nel frattempo, il produttore di vaccini Pfizer continua a dimostrare che non ha più limiti etici.

75

Anche i bambini vengono ora usati come cavie per i loro "vaccini" sperimentali di terapia genica. Un bambino di due anni è già morto per questo.

Si sa da anni che l'mRNA può essere inalato

È noto da anni che l'mRNA può essere esalato e inalato, e in questo modo può servire come un vaccino passivo. 'Questo significa che la proteina Covid spike, che è prodotta dal corpo umano dopo essere stato vaccinato, può sfuggire attraverso il respiro e infettare le persone non vaccinate?' si chiede il dottor Mark Sircus, professore di oncologia naturale.

E' terribile pensare che i pazzi che hanno creato il virus con esperimenti di 'guadagno di funzione' vadano a braccetto con simili pazzi dell'industria farmaceutica che stanno usando il loro vaccino per diffondere ancora di più le proteine spike nella popolazione umana".

Un governo che ha a cuore la vostra salute smetterebbe di vaccinare immediatamente

Mi sembra ovvio che qualsiasi governo che abbia veramente a cuore la salute della gente dichiarerebbe una moratoria su tutte le vaccinazioni Covid in questo momento, almeno finché non siano state fatte più ricerche in tutto il mondo, prima che questi vaccini finiscano davvero in un massacro mortale come non si è mai visto al mondo.

Tuttavia, è vero il contrario. Il governo europeo sta lavorando a una serie di emendamenti (costituzionali) che dovrebbero rendere permanente la sottrazione della nostra libertà e del nostro diritto all'autodeterminazione, oltre ad aprire la strada alle vaccinazioni obbligatorie.

Se si dovesse arrivare a questo, allora probabilmente possiamo solo concludere che il nostro governo si è dichiarato il più grande nemico della salute pubblica, e sta consapevolmente aiutando a realizzare un potenziale genocidio. Possiamo solo sperare che ci siano abbastanza politici e parlamentari a Bruxelles che ascoltino (di nuovo) la loro coscienza. Un certo numero di politici sembra aver perso definitivamente la capacità di farlo.

Capitolo 13: Soppressione del sistema immunitario

Covid-19 è "principalmente una malattia vascolare", secondo i ricercatori - Circulation Research: Il danno ai polmoni è aiutato dalla proteina spike - Il tuo sistema immunitario sta lavorando contro di te per proteggerti dal vaccino.

In una pubblicazione scientifica, i ricercatori del famoso Salk Institute, fondato dal pioniere dei vaccini Jonas Salk, ammettono indirettamente che le vaccinazioni Covid inducono coaguli di sangue pericolosi per la vita e danni sia ai vasi sanguigni che al sistema immunitario.

Abbiamo notato all'inizio di questa settimana che un numero crescente di noti scienziati sta arrivando all'opinione che i vaccini sono il più grande pericolo per la salute umana.

Migliaia di europei e americani hanno già pagato con la loro vita, e centinaia di migliaia con la loro salute, la loro partecipazione "volontaria" al più grande esperimento "medico" della storia.

In Occidente, tutte le vaccinazioni Covid programmano il corpo umano per creare la proteina spike, l'elemento più letale del presunto virus SARS-CoV-2, con l'obiettivo di proteggere gli esseri umani dalle conseguenze dannose della proteina spike.

In poche parole, facciamo produrre al tuo corpo qualcosa di dannoso per fargli generare anticorpi contro quello stesso pericolo, ma non abbiamo idea di come o se questo processo sarà mai fermato.

Allora perché non correre il "rischio" di prendere il virus, che ha dimostrato di non far ammalare il 99,7% della popolazione, se non del tutto? No, nel 2021, quella linea di ragionamento razionale e storicamente non controversa è improvvisamente così antiquata. Non possiamo più contare sul nostro sistema immunitario naturale e dobbiamo invece affidarci a ciò che viene somministrato attraverso una siringa.

Il Covid-19 è soprattutto una malattia vascolare", dice il ricercatore.

L'industria della vaccinazione, i politici e i media continuano ad insistere che la proteina spike è sicura, ma il Salk Institute ha ora stabilito che non è così. Al contrario, i ricercatori del Salk e altri colleghi scientifici avvertono nella pubblicazione "The spike protein of the new coronavirus plays an extra crucial role in disease" che la proteina spike danneggia le cellule, "confermando che il Covid-19 è in gran parte una malattia vascolare".

Un'altra proteina spike che ha provocato tante vittime?

Naturalmente, agli scienziati di Salk è vietato criticare direttamente i vaccini. Ecco perché, secondo il loro articolo, la proteina spike prodotta dai vaccini si comporta in modo molto diverso dalla proteina spike prodotta dal presunto virus.

Per cominciare, questo contraddice tutte le affermazioni dei produttori di vaccini che i loro vaccini creano la stessa proteina spike. In secondo luogo, mette in dubbio l'efficacia dei vaccini, perché se la proteina spike prodotta dai vaccini differisce significativamente da quella prodotta dal virus, che senso ha la vaccinazione (supponendo, per il momento, che questi "vaccini" geneticamente progettati funzionino)?

Sul lato positivo, anche gli scienziati pro-vaccino ora accettano che la proteina spike è da biasimare per un gran numero di morti e persone che soffrono di gravi effetti collaterali e danni alla salute a lungo termine, spesso permanenti. In altre parole, è un'ammissione implicita che le vaccinazioni Covid-19 sono potenzialmente fatali.

La proteina Spike causa lesioni polmonari, secondo una ricerca pubblicata su Circulation Research.

"La proteina spike SARS-Cov-2 compromette la funzione endoteliale inibendo l'ACE-2", secondo uno studio scientifico pubblicato su Circulation Research. L'interno del cuore e dei vasi sanguigni sono rivestiti da cellule endoteliali. Diminuendo i recettori ACE-2, la proteina spike "promuove le lesioni polmonari". Le cellule endoteliali nelle arterie del sangue sono danneggiate, e il metabolismo è interrotto come risultato.

Gli autori di questo studio erano anche a favore della vaccinazione, sostenendo che "gli anticorpi generati dal vaccino" possono proteggere il corpo dalla proteina spike. Essenzialmente, la proteina spike può causare danni significativi alle cellule vascolari, e il sistema immunitario può contrastare questo danno combattendo la proteina spike.

Il sistema immunitario sta cercando di proteggerti CONTRO il vaccino

In altre parole, il sistema immunitario umano si sforza di difendere il paziente dagli effetti negativi del vaccino e dalle contro-reazioni per evitare che il paziente muoia. Chiunque sopravviva al vaccino Covid lo deve alla protezione del proprio sistema immunitario CONTRO il vaccino, non alla vaccinazione stessa.

La vaccinazione è l'arma", conclude Mike 'Natural News' Adams. Il tuo sistema immunitario ti protegge. Tutte le vaccinazioni Covid dovrebbero essere ritirate dal mercato immediatamente e rivalutate per gli effetti negativi a lungo termine basati solo su questa ricerca".

Secondo le statistiche ufficiali VAERS, il numero di morti legate ai vaccini negli Stati Uniti nel 2021 sarà quasi il

4000 per cento in più del numero totale di morti legate ai vaccini nel 2020.

Il santo vaccino non è da biasimare per un attacco di cuore o un'emorragia cerebrale.

Il seguente meccanismo è stato provato scientificamente ed è ormai accertato: le vaccinazioni Covid-19 incoraggiano il tuo corpo a produrre la proteina spike, che può causare danni vascolari e coaguli di sangue, che possono muoversi in tutto il corpo e finire in vari organi (cuore, polmoni, cervello, ecc.). Le persone che muoiono a causa di questo vengono definite "infarto", "coagulo di sangue" o "emorragia cerebrale" - i sacrosanti vaccini non possono e non devono mai essere incolpati, non importa quante prove ci siano oggi che dimostrano che sono le cause principali.

I vaccinati sembrano offrire un rischio ai non vaccinati, oltre alla possibilità di danni permanenti o mortali alla propria salute. Molti dei "wappies" della corona che hanno recentemente fatto le loro iniezioni sono stati trasformati in "fabbriche di punte" ambulanti, e possono ora esalare queste proteine di punte. Possono così infettare gli altri attraverso questo processo di 'spargimento'.

I vaccini per le armi biologiche sono stati creati dall'amministrazione dell'apartheid contro la popolazione nera.

I vaccini sono stati a lungo usati come armi biologiche contro il pubblico. Il governo dell'Apartheid del Sudafrica ha creato la tecnologia alla base di tale vaccinazione "auto-replicante". Gli scienziati stavano sviluppando vaccini "razziali" all'epoca, con l'obiettivo di sradicare gran parte della popolazione nera.

Quest'anno, la Johns Hopkins Bloomberg School of Public Health ha proposto di utilizzare un vaccino auto-replicante per "vaccinare" automaticamente l'intera popolazione mondiale. Droni e robot AI verrebbero successivamente utilizzati per far rispettare e monitorare il programma.

Le persone che sono ancora desiderose di iscriversi in un vicolo di vaccini per essere modificati geneticamente per generare una proteina picco potenzialmente pericolosa per la vita sembrano essere state completamente fuorviate dai media mainstream e dai politici di sistema. Sono stati insensibili a tutti gli avvertimenti e alle montagne di prove, e non possono credere che il mondo sia governato da mostri senza scrupoli che non si fanno scrupoli a commettere il potenzialmente più grande genocidio della storia umana.

Capitolo 14: Passaporti e chip

Un'intervista del 2016 con l'alto dirigente del WEF Klaus Schwab, in cui prevede che "entro 10 anni" sarà adottata una tessera sanitaria globale obbligatoria, e tutti avranno microchip impiantati, si aggiunge alla prova che il numero Covid-19 è stato preparato con cura.

Si dice che Schwab stesse lavorando ad un piano almeno cinque anni fa per creare un'enorme epidemia di virus e sfruttarla per stabilire passaporti sanitari e collegarli a test e vaccinazioni obbligatorie, tutto secondo l'approccio problema-reazione-soluzione. L'obiettivo è quello di avere il controllo completo su tutta la popolazione umana del pianeta.

Entro 10 anni, avremo microchip impiantati", ha detto Schwab cinque anni fa.

Nel 2016, un intervistatore francofono gli ha chiesto: "Stiamo parlando di chip impiantabili?" "Quando succederà?

Assolutamente nei prossimi dieci anni", ha detto Schwab. Cominceremo mettendoli nei nostri vestiti". Possiamo poi immaginare di impiantarli nel nostro cervello o nella nostra pelle". Il caposquadra del WEF ha poi commentato la sua visione dell'uomo e della macchina che si "fondono".

In futuro, potremmo essere in grado di comunicare direttamente tra il nostro cervello e il mondo digitale. Osserviamo una fusione del mondo fisico, digitale e biologico". La gente dovrà semplicemente pensare a qualcuno in futuro per essere in grado di raggiungerlo direttamente attraverso la 'nuvola'.

Non ci saranno più persone biologiche con DNA naturale nel mondo transumanista, che finalmente diventerà completamente "digitale". La "nuvola" sarà utilizzata per memorizzare i dati di tutti.

L'umanità ha cominciato ad essere riprogrammata geneticamente.

L'attuale ordine economico sarà distrutto dal 'Grande Reset' ('Build Back Better') di Schwab. Il crollo finanziario incombente sarà sfruttato per lanciare un nuovo sistema globale basato solo su denaro e transazioni digitali. Questo nuovo sistema sarà collegato al mondo intero grazie alla tecnologia 5G. I rifiutanti saranno esclusi dalla "compravendita", in altre parole dalla vita sociale.

Alla fine degli anni 2020, i "vaccini" di mRNA Covid-19 hanno iniziato a programmare e manipolare geneticamente l'umanità per renderla "adatta" ad essere prima collegata, poi integrata, con questo sistema digitale globale, che, come sapete, credo sia il regno biblico della "Bestia".

Questi vaccini che alterano i geni hanno il potenziale di eliminare il vostro libero arbitrio e la capacità di pensare da soli, così come il vostro desiderio e la capacità di connettervi con il regno spirituale.

Prospettiva cristiana: l'umanità è tagliata fuori da Dio

Da una prospettiva cristiana, la riprogrammazione del DNA umano attraverso questi vaccini può essere vista come il tentativo finale di Satana di separare permanentemente l'umanità da Dio. Questa sembra essere la vera spiegazione dell'avvertimento del libro profetico dell'Apocalisse che gli individui che portano questo "marchio" periranno.

Questo non è semplicemente a causa di un chip e di una successione di pungiglioni; è a causa di ciò che quei pungiglioni faranno a e in voi. Di conseguenza, Dio non sarà in grado di salvare coloro le cui menti (libero arbitrio) sono state riprogrammate all'obbedienza totale ("adorazione"). Questo richiederà il Suo intervento, perché altrimenti l'umanità intera sarà persa per sempre.

I falsi insegnamenti hanno accecato una gran parte del cristianesimo.

L'aspetto essenziale di questo subdolo complotto, che è stato in lavorazione per molto tempo, era l'infiltrazione del cristianesimo con una serie di falsi insegnamenti, con l'obiettivo di mantenere i credenti ciechi fino alla fine dei tempi in preparazione dell'avvento e dell'instaurazione del dominio della Bestia.

Infatti, da decine a centinaia di milioni di cristiani, soprattutto in Occidente, credono che non dovranno mai vivere questo periodo. Anche ora, quando l'attuazione di questo sistema è iniziata, la maggioranza delle persone si rifiuta di accettarlo. Con le loro opinioni pro-vaccinazione, la maggior parte dei partiti e delle chiese cristiane stanno apertamente cooperando in questo "Grande Reset" verso il dominio della "Bestia". In termini teologici, il Vaticano è il motore più potente e convinto di questo.

"Ma siamo stati ingannati!" non è una scusa.

Forse un parallelo biblico può aiutare alcune persone a capire? Genesi 3, il racconto della creazione e della 'caduta', come ci viene raccontato oggi: Il serpente persuase Adamo ed Eva che non era permesso loro di 'mangiare' la 'mela', in questo caso il segno, cioè di non farsi pungere (test di radice di 'segno': charagma = graffiare/qualcosa con un ago = pungere), ma il serpente li convinse che questo segno non li avrebbe dannati, ma piuttosto li avrebbe fatti diventare 'dei'. Dopo essere stati persuasi da questa falsità, le loro lamentele contro Dio ('ma ci hanno mentito!') furono inutili, e morirono lentamente e dolorosamente. Potevano e dovevano sapere, quindi non avevano alcuna giustificazione.

87

Accettare "il segno", secondo la Bibbia, comporta una conseguenza ancora peggiore: la morte eterna. Permettersi di essere modificati geneticamente con vaccinazioni mRNA e poi integrati in una rete digitale globale, rinunciando così ad ogni controllo sul proprio corpo e sul libero arbitrio, starà ad ogni individuo decidere se il pericolo vale la pena.

Capitolo 15: Debito senza fine?

La frode pandemica ha trascinato l'Occidente in un debito maggiore di quello della seconda guerra mondiale - il più grande fondo pensionistico della Gran Bretagna (n. 6 nel mondo) dice agli investitori che per ritirare i soldi potrebbero volerci fino a 95 giorni, e avverte di una probabile insolvenza.

L'imminente collasso del sistema finanziario è il driver segreto della continuazione delle misure false della pandemia di corona e gli spaventosi sviluppi in Ucraina. In realtà, questo è lo stesso problema che esisteva dal 2008 al 2011, poiché è stato solo "aggiustato" con tassi d'interesse negativi e massicce somme di nuovo denaro digitale, di cui hanno beneficiato principalmente i governi, gli azionisti e i grandi attori finanziari. Ora che il FMI ha avvertito in uno studio che i debiti pubblici non sono mai stati così alti dalla seconda guerra mondiale, questa mega catastrofe, che avrà effetti di vasta portata per la gente comune, potrebbe scoppiare in qualsiasi momento.

Ne abbiamo scritto per anni, e ora il FMI avverte che i debiti nazionali non sono mai stati così alti dalla seconda guerra mondiale. La crisi della Corona è stata utilizzata come scusa in tutto il mondo per creare praticamente "denaro come l'acqua", perché ormai non vale più niente. L'intero importo coinvolto nella sola Europa è un mostruoso 130 miliardi di euro, o quasi un terzo del totale del debito nazionale fino al 2019.

La Nuova Grande Depressione è stata solo rimandata.

Se metà dell'economia non fosse stata messa agli sgoccioli dall'anno scorso, saremmo attualmente in una depressione più profonda degli anni '30. Quindi, quale pensate sia una buona soluzione? Provate a ricordare la vostra prima lezione di economia al liceo, o la domanda che quasi tutti i bambini hanno fatto ai loro genitori ad un certo punto della loro vita: "Perché non mettiamo semplicemente dei soldi sulla fotocopiatrice in modo da averne sempre abbastanza e poter comprare delle copie?" "Ricco

Diamo per scontato che non dobbiamo rispondere a queste domande? Se è così, dovreste smettere di leggere e tornare ai media di propaganda mainstream, che sembrano non avere idea di quello che sta succedendo (e se ce l'avessero, potrebbero non scriverne finché la crisi non sarà un fatto compiuto e irreversibile).

La crisi è risolta? Il debito della Grecia ha già raggiunto il 200% del PIL.

L'ultimo rapporto "Fiscal Monitor" del FMI offre un quadro desolante: i debiti pubblici non sono mai stati proporzionalmente così alti dalla fine della seconda guerra mondiale, il conflitto più mortale mai combattuto. Vi ricordate la crisi greca, che ha messo in pericolo tutta l'Eurozona e l'UE ed è stata appena evitata? Il debito federale della Grecia è salito al 160% del PIL. Il paese ha dovuto essere "salvato" con diversi pacchetti di salvataggio per un totale di centinaia di miliardi di euro da paesi come la Germania.

Il debito nazionale della Grecia è ora salito a più del 200% del PIL. Cosa ne pensate, questo "salvataggio" è stato utile?

Almeno non per il popolo greco o per l'economia greca. Hanno semplicemente ricevuto le briciole. Le uniche "salvate" sono state le banche europee, che sono state "pagate" dal contribuente europeo per i loro debiti verso la Grecia in questo modo particolarmente ingannevole. Nei media, siamo stati informati che avevamo "salvato" i greci, ma in realtà, proprio come nel 2008, avevamo salvato le banche - proprio quelle che ci hanno messo in questo pasticcio.

Per esempio, il numero di letti di terapia intensiva è stato dimezzato, il che ha portato al livello pro capite più basso d'Europa. Poi, nel 2020, è sorto un virus respiratorio simile all'influenza, la cui minaccia è stata gonfiata di proposito per far passare ogni sorta di restrizioni punitive che limitano la libertà. Lo facciamo per il bene della cura (dopo averla distrutta prima)". No, 'noi' lo facciamo per preparare la popolazione a una crisi bancaria.

Le banche devono essere salvate di nuovo.

Siamo nel 2021, e le banche devono essere salvate ancora una volta. Come abbiamo già detto, le principali banche sistemiche europee, come Deutsche Bank e Société Générale, sono tecnicamente in bancarotta. Allo stesso tempo, il mito della pandemia ha spinto i paesi industrializzati a indebitarsi più di quanto abbia fatto la seconda guerra mondiale, e la BCE ha preso ultimamente altre mosse che erodono ulteriormente il nostro potere d'acquisto e la nostra ricchezza.

Nessuno parla più della necessità di uscire dal debito. Tutte le parti - governi e società - sperano che i tassi d'interesse rimangano zero o negativi in perpetuo, e che il denaro continui a non giocare alcun ruolo nello stato. Un aumento dei tassi d'interesse è, infatti, la situazione peggiore. Anche se è minore, costringerà rapidamente due nazioni europee molto più grandi per il debito, Italia e Spagna, alla bancarotta di stato. Il salvataggio è fuori questione perché costerebbe trilioni di euro. Di conseguenza, il collasso di uno qualsiasi di questi due paesi comporta automaticamente il collasso della zona euro.

Contributi per la riorganizzazione", ma da chi?

Di conseguenza, il FMI suggerisce che le nazioni inizino a riscuotere "pagamenti di risanamento" su redditi, beni e guadagni - un consiglio che lascia un po' perplessi, considerando che solo uno sviluppo economico robusto e sostenuto può potenzialmente riportarci indietro dall'orlo di questo disastro sistemico. Se poi si tassa ancora più duramente il settore economico già in difficoltà, si avrà solo l'effetto opposto: la crisi sarà esacerbata e intensificata, centinaia di migliaia di imprese falliranno, e innumerevoli persone perderanno il lavoro.

E non c'è più niente da ottenere dalla gente già messa a dura prova. Tasse ancora più alte e tagli ancora più profondi spingeranno fasce significative dei poveri e delle classi medie nella povertà più assoluta. I governi non hanno altra scelta che ricorrere a una repressione finanziaria draconiana, che danneggerà il cittadino comune, ma in particolare i meno pagati e i più vulnerabili. Milioni di persone non saranno presto in grado di permettersi da sole le loro bollette per la casa/energia e i generi alimentari. La maggior parte di noi dovrà stringere la cinghia sia metaforicamente che praticamente.

Alcuni analisti prevedono un'iperinflazione in stile "Weimar", che esaurirà completamente il nostro potere d'acquisto. Date le attuali circostanze estremamente pericolose per molti residenti e imprese, anche un tasso d'inflazione considerevolmente più basso del 3% - 4% sarà il colpo finale. I titoli di stato, le assicurazioni sulla vita, i soldi delle pensioni e i risparmi saranno senza valore in poco tempo.

Il sesto assicuratore del mondo ha emesso un avviso di "insolvenza".

I segni che la crisi del sistema finanziario si sta avvicinando sono evidenti anche nel Regno Unito, dove Aviva, il più grande assicuratore/fondo pensione del paese e il sesto al mondo, ha notificato ai suoi clienti che potrebbero passare fino a 95 giorni prima che possano ritirare i soldi dai loro conti.

Ancora più spaventoso è l'avvertimento diretto che "se una banca/assicuratore/fondo pensione usa questa frase, è un segnale di difficoltà estremamente significative, molto probabilmente insormontabili.

Oro, argento e moneta sono stati eliminati dal Regno Unito.

Senza spiegazione, una grande somma di oro, argento e contanti è stata inaspettatamente ritirata dal Regno Unito e trasportata in Qatar recentemente. La Banca dei Regolamenti Internazionali (la banca BIS di Basilea, la "banca centrale delle banche centrali") ha documentato un pagamento di 1,8 miliardi di dollari dalla Fondazione Hillary Clinton alla Banca Centrale del Qatar (QCB).

Le possibili cause variano dall'imminente collasso finanziario del Regno Unito a un conflitto con la Russia in cui le città britanniche potrebbero essere annientate con armi nucleari.

I cittadini e le imprese non possederanno NULLA nell'eurozona digitale.

Abbiamo avvertito per anni che una catastrofe sistemica
è in arrivo, e sembra essere quasi qui. Questa
catastrofe, che potrebbe essere precipitata da un falso
attacco informatico (presumibilmente dalla Russia?),
verrebbe utilizzata per far passare il "Grande Reset",
che non è altro che l'installazione di una tirannia
tecnocratica comunista climatico-vaccina senza
precedenti, dura ed estremamente draconiana.

In termini finanziari ed economici, questo implica che
l'euro sarà totalmente digitale, che TUTTO sarà di
proprietà dello Stato (anche il proprio corpo), e che i
cittadini e le imprese saranno per sempre privi di
qualsiasi tipo di proprietà o voce in capitolo. Il World
Economic Forum si aspetta anche un tasso di
disoccupazione permanente dal 35% al 41%, così come
l'implementazione di un reddito di base che sarà
appena sufficiente a mantenere le persone in vita.

Vuoi il grande reset?

Questo è ciò che sta arrivando, e non può essere
fermato. Anche se la massa del popolo si svegliasse
all'ultimo minuto e si rivoltasse contro questo, un
"Grande Reset" sarebbe ancora necessario, ma di una
grandezza completamente diversa da quella del WEF e
dei globalisti a Washington, Bruxelles, Londra, Parigi,
Berlino, Roma e L'Aia. Il loro reset concentra tutto il
potere e le ricchezze nelle mani di un piccolo club
d'élite, mentre il Reset di cui abbiamo veramente
bisogno ottiene il contrario.

La Deutsche Bank, tecnicamente insolvente, ha avvertito che il "Green Deal" dell'UE, che dovrebbe permettere il "Grande Reset", in realtà scatenerà una mega-crisi e annuncerà l'entrata di un'eco-dittatura che distruggerà il nostro attuale benessere.

In ogni caso, gli anni scorsi, il popolo europeo ha votato in modo schiacciante per i partiti che vogliono adottare, e stanno attuando, il Green Deal dell'UE e l'iniziativa Reset del World Economic Forum (almeno, se i risultati elettorali sono corretti). Quando le loro false promesse e visioni di un paradiso climatico tecnocratico si riveleranno aver scatenato un vero e proprio inferno in terra per quasi tutti, guardarsi allo specchio e chiedersi con sconcerto "come abbiamo fatto ad arrivare a questo punto?" sarà l'unica cosa che rimarrà a questo popolo credulone e apatico con la sua insopportabile mentalità da schiavo.

Ci scusiamo per aver concluso in questo modo, ma mentre osserviamo sempre più individui che indossano tappi per la bocca anche fuori al sole, non c'è proprio ragione di credere che la sobrietà e il buon senso torneranno mai alla normalità. Sono preoccupato che questo spirito oscuro e nero di paura sociale coltivata e alimentata di proposito della morte e della pazzia andrà solo dopo una grande quantità di dolore e sofferenza.

Capitolo 16: Niente più soldi?

L'imminente mega-crisi finanziaria sarà sfruttata per completare il "Grande Reset" comunista.

Mentre l'attenzione del governo e dei media rimane quasi totalmente su Corona, sullo sfondo si stanno verificando cambiamenti molto inquietanti nell'UE, che probabilmente avranno ramificazioni di vasta portata per il nostro potere economico e di acquisto nel breve e medio termine. Poiché i tassi d'interesse sui titoli di stato hanno ricominciato a salire, la BCE acquisterà più debito pubblico nei prossimi mesi. Inoltre, il settore finanziario de facto tecnicamente in bancarotta è molto più in difficoltà a causa della crisi monetaria fabbricata. L'unica cosa che tiene insieme la Commissione europea è il magico albero dei soldi della BCE", sostiene l'esperto Alasdair Macleod. Se avete mai frequentato due lezioni di economia, dovreste sapere dove una cosa del genere è ""Money Tree" porta SEMPRE: "Questo è uno spettacolo dell'orrore in divenire".

L'EUSSR è un affare fatto, sia politicamente che finanziariamente.

I critici a volte si riferiscono all'Unione Europea come all'EUSSR, e per il 2021, nulla di ciò è un'esagerazione - piuttosto il contrario. Politicamente, l'UE ha funzionato a lungo nello stesso modo dell'ex Unione Sovietica: il Politburo, un club non eletto di burocrati conosciuto come la Commissione europea, determina la politica e invia i suoi "desideri" (=ordini) al Consiglio europeo dei capi di governo, che li discutono per spettacolo e poi inviano questi ordini ai propri - solo di nome - paesi indipendenti, dove i parlamenti sono eletti.

Per mantenere la pretesa di una democrazia europea, l'UE mantiene il proprio "parlamento", in cui tutti i membri sono pagati con stipendi esorbitanti, bonus e pensioni per partecipare a questo grande spettacolo, pur mantenendo il silenzio sul fatto che non hanno nulla, assolutamente nulla da contribuire. L'unica volta che questo parlamento è sembrato avere qualche "potere" è stato quando ha mandato a casa una Commissione europea, ma è stato molto probabilmente inscenato, soprattutto in retrospettiva, perché è stato in quel momento che il popolo europeo ha cominciato a svegliarsi sul carattere e lo scopo "socialista" (in senso marxista) dell'UE.

Recentemente, la BCE ha discretamente fatto il prossimo passo verso l'euro, il sistema euro/Target-2 e la sua stessa fine. Contrariamente alle dichiarazioni precedenti, la banca ha scelto di acquistare più titoli di stato nei prossimi mesi mentre i tassi di interesse aumentano a livello globale. Se questa tendenza continua, l'intera rete dell'eurozona andrà in bancarotta. 'E quella rete è un boccone di mele marce', aggiunge Macleod. 'È il risultato non solo di un sistema rotto, ma anche di misure progettate per evitare che i tassi di interesse della Spagna salgano nel 2012'.

"A qualunque costo", l'euro viene "salvato" a spese dei cittadini.

All'epoca, il presidente della BCE Mario Draghi ha notoriamente dichiarato che avrebbe salvato l'euro "a qualunque costo". Quello che non ci ha detto è che il costo di questo "whatever it takes" sarà sostenuto dai risparmiatori e dai fondi pensione europei. A causa del debito crescente, l'azione di Christine Lagarde deve essere considerevolmente più grande di quella del suo predecessore, Mario Draghi. Alla fine, tutti gli europei dovranno pagare un prezzo elevato per questo, sotto forma di una perdita significativa e irreversibile di potere d'acquisto e di ricchezza. Gli anni scintillanti di prosperità degli stati membri dell'UE stanno per finire.

Lagarde dà un calcio al mantra "whatever it takes" di Draghi. La BCE, che si professa "indipendente" ma è fondamentalmente un'organizzazione politica, è sempre servita ad uno scopo: assicurare che la spesa sfrenata degli stati membri del sud, in particolare, sia sempre coperta.

Per questo obiettivo, è stato ideato un meccanismo inventivo: L'Italia e la Spagna da sole devono al sistema della BCE circa 1 trilione di euro. La Germania, il Lussemburgo, la Finlandia e i Paesi Bassi, invece, sono debitori di circa 1,6 trilioni di euro in questo sistema, con la Germania che deve la parte del leone (più di 1 trilione di euro). (In realtà, il piccolo Lussemburgo può essere visto come una banca mascherata da stato

99

indipendente, uno dei numerosi espedienti impiegati dalla BCE per far apparire le condizioni finanziarie dell'UE più favorevoli).

Le grandi mega-banche sono tecnicamente in bancarotta.

Acquistando titoli di stato, la BCE ha già accumulato un debito di 345 miliardi di euro, in parte dovuto al finanziamento clandestino del crescente deficit pubblico francese. La Francia è ora uno dei paesi PIIGS, anche se questo non sarà mai formalmente riconosciuto perché la Francia è vista come uno stato "sistemicamente importante". Nel frattempo, le passività della Francia stanno cominciando a pesare sul sistema dell'euro, non ultimo perché la mega-banca francese Société Générale, così come la Deutsche Bank e l'italiana Unicredit, sono tecnicamente insolventi dal punto di vista funzionale.

Ciò che le cifre non rivelano è che la Bundesbank ha già acquistato miliardi di euro di debito pubblico tedesco per conto della BCE. Il crescente squilibrio nel sistema Target-2 è sorto come risultato del fatto che Italia, Spagna, Grecia e Portogallo, in particolare, sono stati gravati da un numero crescente di prestiti "cattivi", o prestiti che non possono e non saranno mai ripagati. Di conseguenza, i sistemi finanziari "zombie" di queste nazioni hanno dovuto essere permanentemente alimentati dalla BCE.

Prestiti inesigibili e cattive attività

I cattivi prestiti e altri "bad assets" sono stati trasferiti al sistema euro (e quindi, in particolare, a Germania, Finlandia, Paesi Bassi e Lussemburgo) durante il "salvataggio" della Grecia, e successivamente al sistema Target-2 durante il "salvataggio" delle banche italiane, che è stato mascherato al pubblico. Ciò che non è incluso nei numeri è una somma ancora più grande di 8,31 trilioni di euro (forse più di 10 trilioni di euro) in finanziamenti a breve termine, che è fondamentalmente inesistente nell'eurozona.

In sintesi, se hai uno stipendio medio annuo di 36.000 euro, puoi acquisire un prestito di 1 milione di euro da una banca senza battere ciglio, e il direttore della banca poi ti dice: "Vedi cosa puoi ripagare, e quando...". Cosa ne pensate? Questa banca sarà in grado di sopravvivere a lungo? E può una banca centrale che poi tiene a galla queste banche per anni, essere in grado di mantenere la sua salute per molto tempo?

Come un gruppo di ubriachi che tentano di sollevarsi barcollando dalla grondaia, i valori delle azioni delle banche europee sono saliti insieme ai mercati. Tuttavia, le loro valutazioni continuano ad essere spaventosamente basse", dice Macleod. La situazione si è deteriorata al punto che se una grande banca dell'eurozona fallisce, l'intero sistema cadrebbe come un castello di carte.

101

L'UE è uno stato al collasso e il suo potere d'acquisto sarà spazzato via.

L'UE sta mostrando tutti i segni di uno stato fatiscente "continua l'analista Questo è stato più chiaro nella reazione dell'UE alla Brexit, che può essere definita solo come una vendetta stupida e infantile, a prescindere dalle implicazioni spiacevoli per il blocco stesso. Inoltre, è improbabile che l'UE esca dai blocchi quest'anno, il che significa che tutti i paesi membri saranno costretti a continuare a contrarre nuovi debiti massicci per mantenere le loro economie a galla. Gli effetti di politiche altamente dannose saranno molto peggiori per l'Europa che per gli Stati Uniti e la Cina.

Ampie fasce dell'economia, in particolare le PMI, sono sul punto di crollare. Quando le tendenze dei mercati delle materie prime (petrolio, metalli, cibo, ecc.) si combinano con la crescita massiccia della massa monetaria, il risultato sarà una perdita mondiale del potere d'acquisto. A causa della sua struttura, delle sue politiche e delle sue azioni, l'UE è completamente in ritardo rispetto alla ripresa economica della Cina, che ora è in piena corsa.

E poiché la BCE si occupa della finanza di tutto, il problema dell'UE inizierà senza dubbio da lì. Senza dubbio farà crollare la maggior parte del settore finanziario... Non ci vorrà un aumento significativo dei tassi d'interesse per spazzarlo via". Il valore reale del "valore" e degli "attivi" dichiarati dalle grandi banche dell'Eurozona nei loro bilanci è quindi rivelato: "fondamentalmente NULLA" Non è una sorpresa che la fuga di capitali dall'Eurozona sia aumentata. Il denaro di solito esce dalle nazioni con politiche terribili e dispendiose, e presto sarà senza valore.

Il sistema è volutamente gonfiato per realizzare il Grande Reset comunista".

Se vi state chiedendo, perché non stanno facendo qualcosa per evitare questo? Allora rispondiamo: perché, secondo noi, il sistema viene deliberatamente fatto saltare in aria. Un euro digitale è già in lavorazione, e alla fine sostituirà tutta la valuta. Questo nuovo sistema monetario digitale sarà molto probabilmente lanciato durante o poco dopo l'avvicinarsi della mega-crisi finanziaria, e sarà gradualmente collegato a tutto (carta d'identità/passaporto, carta di debito, carta Covid, e così via). Tutti i debiti saranno confiscati, e tutti i "beni", tutte le proprietà, tutti i fondi, di tutte le società e persone, saranno trasferiti allo stato.

Il 'Grande Reset', o il cambiamento del blocco di libero scambio della C.E.E., una volta di successo, in un'Unione Sovietica Europea con un regime tecnocratico e profondamente comunista, sarà allora completato. Allora la nostra prosperità, così come tutte le nostre libertà e i nostri beni, saranno ripristinati. (E tu, come imprenditore, eri felicissimo quando il governo si è impegnato a rimborsarti il 100% delle tue spese fisse!

Onestamente non sapete che siete finiti tutti in una trappola? Che presto non avrete più nulla da dire riguardo ai vostri affari e alla vostra sopravvivenza in questa economia controllata)?

Guardate i libri di storia per avere un'idea di quanto "bella" sarà la vita per noi allora. Tuttavia, per la stragrande maggioranza delle persone, un tale appello cadrà su orecchie sorde. Hanno votato ancora più pesantemente per i partiti presunti "liberali" che hanno adottato per anni politiche dell'UE quasi interamente neomarxiste.

Con nostro grande sgomento, sembra essere rimasta solo una cosa da fare per riportare la gente alla ragione, ed è sperimentare un sacco di sofferenza (di nuovo). Con la speranza che i nostri figli sopravvissuti abbiano imparato da queste dure lezioni e siano in grado di costruire una società molto più sana, un mondo dove Big Banks, Big Pharma, Big Tech, Big Military e Big Government, in altre parole: Grande Corruzione, non hanno posto.

Capitolo 17: 1921-1922?

Il parallelo tra la Germania 1914-1923 e l'Occidente 2010-2021 è senza soluzione di continuità.

La storia si sta ripetendo in ogni modo, ma su una scala ancora più grande? Sembra sospettosamente così. Proprio come negli anni '10 e '20, quantità inimmaginabili di denaro creato dal nulla sono state usate per comprare enormi quantità di debito e creare un'enorme ricchezza, e tutti vogliono un pezzo della torta. Il capo di Wall Street Michael Burry, soprannominato 'Big Short' perché è stato il primo investitore a prevedere la crisi dei subprime (2007-2010), avverte che l'iperinflazione scoppierà improvvisamente, proprio come nella Repubblica di Weimar.

La gente ha detto che non ho avvertito l'ultima volta", ha risposto Burry, gestore di hedge fund "Big Short", alla tempesta di reazioni alla sua previsione di iperinflazione. *L'ho fatto, ma nessuno mi ha ascoltato. Così sto avvertendo ora. E di nuovo, nessuno ascolta. Ma avrò la prova che ho avvertito".*

Recentemente, Burry ha twittato che la MMT (Modern Monetary Theory, il corso comunista de facto che è stato seguito nell'UE per circa 7 anni) del governo statunitense 'invita all'inflazione'. L'amministrazione Biden sta spendendo trilioni per mantenere l'economia e la società 'a galla' nel mezzo della crisi della corona, ma otterrà il contrario non appena saranno gradualmente riaperti. Quando la domanda aumenterà di nuovo, tutto quel denaro farà esplodere i prezzi e i costi dei lavoratori, il che sarà l'inizio dell'inflazione, o iperinflazione, a spirale fuori controllo.

'Non poteva continuare'

Il CIO di Bank of America Michael Hartnett paragona anche lo "tsunami di stimoli fiscali" e la monetizzazione dell'enorme peso del debito (che è stato fatto nell'UE dal 2014 con massicci acquisti di debito sovrano e con tassi di interesse negativi, a spese dei risparmi, delle pensioni e del potere d'acquisto) direttamente alla situazione della Germania (la Repubblica di Weimar) dopo la prima guerra mondiale.

Jens Parsson scrisse nel 1974 che il periodo 1914 - 1923 fu caratterizzato da "grande prosperità, almeno per coloro che approfittavano del 'boom'. C'era un'atmosfera da 'non posso aspettare'. I prezzi erano stabili e il mercato azionario e gli affari andavano bene. Il marco tedesco inizialmente valeva persino più del dollaro, e per un po' fu la valuta più forte del mondo.

Eppure c'erano "gruppi simultanei con la povertà". Sempre più persone cadevano dal denaro facile e non riuscivano ad entrarci. Il crimine aumentò bruscamente". L'uomo comune "si demoralizzò", perché il duro lavoro e il risparmio rendevano sempre meno,

mentre altri coltivavano il loro denaro dal loro pigro
lettino, e diventavano ricchi puissanti.

Tutti volevano un pezzo della torta

Quasi ogni forma di impresa, non importa quanto
speculativa, ha fatto soldi. Il numero di crolli e fallimenti
è diminuito. La "selezione (economica) naturale", per
cui le aziende deboli, mal gestite e/o non essenziali
cadono e quelle più forti restano a galla, è scomparsa.

La speculazione divenne una delle attività più
importanti in Germania. Tutti volevano un pezzo della
torta, compresi i cittadini di quasi tutte le classi. Persino
i conduttori di ascensori partecipavano agli
investimenti. Non erano la produzione, l'innovazione e il
successo a creare prosperità, ma il denaro e la
speculazione. La borsa di Berlino non poteva
letteralmente tenere il passo con i volumi di titoli
scambiati.

1921/22 = 2021/22

E poi arrivò il colpo, tanto improvviso quanto
devastante. Tutti i marchi che esistevano nel mondo nel
1922 non erano sufficienti nel novembre 1923 per
comprare un solo giornale o un biglietto del tram.
Quella fu la parte spettacolare del crollo, ma la maggior
parte della vera perdita di ricchezza (monetaria) era
avvenuta molto prima. Durante questi anni, la struttura
si costruì silenziosamente per questo colpo. Il ciclo

dell'inflazione tedesca è durato non uno, ma 9 anni: 8 anni di crescita e solo 1 anno di crollo.

Bisogna aver tenuto gli occhi ben chiusi negli ultimi 10 anni per negare che Burry ha doppiamente ragione quando scrive che questa analisi di 47 anni fa si applica perfettamente al periodo 2010 - 2021, in cui i dollari (e gli euro) "avrebbero potuto altrettanto facilmente cadere dal cielo... i team di gestione sono diventati creativi e hanno preso ancora più rischi... e hanno pagato dividendi finanziati dal debito agli investitori, o hanno investito in rischiose opportunità di crescita".

I cittadini sono stati massicciamente invitati ed esortati ad investire il proprio denaro, proprio come allora, perché i prezzi delle azioni avrebbero continuato a salire comunque, così come i prezzi delle case. Negli ultimi anni, il mercato altamente speculativo delle criptovalute si è rivelato il più redditizio; alcune persone che sono entrate presto sono diventate molto ricche e hanno potuto andare in pensione presto.

E ancora una volta siamo sull'orlo di un crollo senza precedenti

Come nel 1921-1922, la maggior parte delle persone non si rende conto che esattamente un secolo dopo, grazie a una febbre speculativa ancora peggiore e a politiche fiscali e monetarie folli senza precedenti, siamo di nuovo sull'orlo di un tale improvviso enorme crollo, avverte anche Burry. L'iperinflazione di 'Weimar' ha spazzato via tutta la prosperità in pochissimo tempo, tranne quella delle 'élite' e di alcuni grandi attori finanziari. Amara povertà e miseria attendevano il popolo, che divenne il terreno fertile per l'ascesa dei nazisti.

E ci sono altri paralleli agghiaccianti. Proprio come negli anni '30, nel nostro tempo c'è stata una propaganda di paura di massa, le persone sono state messe l'una contro l'altra, e sono state prese dure misure dittatoriali che hanno messo fine alle nostre libertà e a molti dei nostri diritti. Proprio come negli anni '40, sono stati condotti esperimenti medici sulle persone, ma ora non solo in campi chiusi, ma in tutto il mondo, con vaccinazioni controverse, su miliardi di persone alla volta. E proprio come negli anni '20, la maggior parte della gente non voleva sentire parlare di crisi; dopo tutto, gli alberi stavano crescendo verso il cielo, e avrebbero continuato a farlo sempre.

Tuttavia, i politici sanno da tempo che la più grande crisi finanziaria di tutti i tempi è imminente. Per bloccare sul nascere il panico e le proteste di massa, è stato scelto un comune virus respiratorio come pretesto per distruggere passo dopo passo le libertà e i diritti dei cittadini. Abbiamo scritto fin dall'inizio che il coprifuoco non ha nulla a che fare con la salute e la sicurezza pubblica, ma tutto a che fare con la capitalizzazione di questa crisi imminente. E voi cosa ne pensate? Nel frattempo, all'Aia si specula sulla possibilità di estendere il coprifuoco a mezzogiorno, "se fosse necessario".

C'è una via di fuga da questo "Grande Reset"?

Contaci che sarà necessario, tuttavia non per una mutazione virale, come sarà ancora una volta falsamente affermato, ma per tenere la gente rinchiusa nelle loro misure e leggi d'emergenza accuratamente elaborate, in modo che non possano ribellarsi in massa quando si scoprirà che quasi tutto ciò che si dava per scontato avesse "valore" per sempre - compreso il potere d'acquisto, le case, i lavori, gli investimenti e le pensioni - è andato per sempre, e anche questo sarà stato fatto di proposito, perché porta avanti un programma politico-ideologico: il "Grande Reset".

C'è una via di fuga, un'alternativa? Sì, ma solo se resistiamo pacificamente rifiutando in massa di continuare a contribuire alla nostra stessa fine.

Capitolo 18: Iperinflazione

Per anni ci siamo stupiti del fatto che la maggior parte della gente sembra credere che sia normale che le banche centrali continuino a creare quantità inimmaginabili di denaro dal nulla premendo un pulsante, in modo che i governi possano continuare a spendere enormi quantità di denaro credendo che il loro potere d'acquisto sarà mantenuto.

Chiunque abbia seguito due lezioni di economia al liceo sa che questo è contro tutte le leggi finanziarie e fiscali, e che prima o poi sfocerà in una commedia. È quasi arrivato: la Banca d'America annuncia l'IPERinflazione. Questo significa che il valore della moneta crollerà, e i costi della maggior parte dei prodotti e servizi andranno alle stelle.

Secondo le stime annuali, il numero di società statunitensi che riportano un'inflazione (elevata) è salito di circa l'800%. Di conseguenza, Bank of America non può fare a meno di notare che "Come minimo, suggerisce che l'iperinflazione 'temporanea' è in arrivo.

Le materie prime (+28%), i prezzi al consumo (+36%), i trasporti (+35%) e i manufatti (+35%) sono particolarmente vulnerabili all'aumento dei prezzi. Anche se la BoA crede che rimarrà "gestibile", l'iperinflazione è un processo che mostra intrinsecamente che qualcosa sta andando fuori controllo.

Prezzi esorbitanti

Questo significa che, tra le altre cose, i cittadini alla fine dovranno pagare significativamente di più per quasi tutto ad un tasso crescente. In realtà, possiamo osservare questa alta inflazione mascherata nell'aumento dei prezzi degli immobili (dopo tutto, questi non sono associati a una forte ripresa economica, ma a un'economia del debito finanziata dal governo). Inoltre, un numero crescente di consumatori si sta lamentando che la loro spesa settimanale è diventata significativamente più costosa in un periodo di tempo relativamente breve.

La fine della prosperità è ormai in vista.

Per quanto possa essere deprimente da leggere, la fine dell'opulenza occidentale è ormai in vista. In effetti, la situazione in Europa non è dissimile da quella degli Stati Uniti, e per certi versi è molto peggio.

Considerate i debiti sovrani apparentemente infiniti di Italia, Grecia e Spagna, così come di Francia e Belgio. Inoltre, grandi banche sistemiche europee come Deutsche Bank, Société Générale e UniCredit sono tecnicamente in bancarotta.

Il Green Deal e il Grande Reset

A ciò si aggiungono il "Green Deal" dell'UE e il "Reset eccellente" del World Economic Forum. Il primo renderà l'energia, i trasporti e il cibo praticamente inaccessibili per milioni di persone, mentre il secondo cancellerà definitivamente le poche vestigia di libertà e autodeterminazione che ci sono rimaste, mettendo dal 35 al 41% delle persone senza lavoro, secondo i dati del WEF.

Mentre l'Occidente si sta lacerando a causa della realizzazione di questa distopia climatica, la Cina e la Russia hanno già iniziato a prendere il testimone da noi.

Capitolo 19: Spopolamento imminente

MERS-CoV aveva un tasso di mortalità del 40% nel 2012 - variante africana resa contagiosa per gli esseri umani attraverso l'ingegneria genetica - Ripetizione del 2020, integrata da test obbligatori e vaccinazioni obbligatorie per tutti? - Prevedibile: la politica e i media daranno la colpa ai non vaccinati

Esattamente secondo lo scenario che abbiamo descritto molte volte dall'anno scorso, le riviste mediche stanno annunciando la prossima pandemia ora che il Covid-19 sembra essere in via di estinzione: MERS-CoV. Possiamo quindi aspettarci una ripetizione di tutto, dall'allarmismo deliberato dell'anno scorso alla propaganda di disinformazione nei media mainstream e una corsa al sistema sanitario, dopo di che saranno prese misure "naturali" come nuove serrate severe, integrate da test obbligatori e vaccinazioni obbligatorie per tutti. Perché ancora una volta, l'intenzione principale di questa pandemia sembra essere quella di iniettare a tutti l'ennesima serie di nuovi vaccini sperimentali.

Non fate errori, questa non sarà l'ultima volta che il mondo affronta la minaccia di una pandemia", ha detto Tedros all'Assemblea Generale delle Nazioni Unite dei ministri della salute dei 194 stati membri all'inizio di quest'anno. È una certezza evolutiva che ci sarà un altro virus con il potenziale di essere ancora più infettivo e mortale di questo".

In effetti, quell'altro virus potrebbe già essere in arrivo. Un team internazionale di ricercatori ha scoperto che la sindrome respiratoria del Medio Oriente (MERS) è a poche mutazioni di distanza dal diventare una grave pandemia. Nel loro documento, pubblicato su Proceedings of the National Academy of Sciences, descrivono la loro ricerca su diverse varianti di MERS.

Il MERS-CoV è emerso per la prima volta in Arabia Saudita nel 2012, e si dice che sia particolarmente letale. Circa il 40% dei primi pazienti sono morti per le loro infezioni, che sarebbero state causate principalmente da dromedari infetti. E coincidenza o no, sono state trovate anche prove che i pipistrelli avevano infettato i cammelli. Secondo i ricercatori, l'80% di tutti i dromedari testati (il 70% vive in Africa) hanno ora gli anticorpi nel sangue.

Variante africana resa contagiosa per gli esseri umani attraverso l'ingegneria genetica

L'epidemia di MERS-CoV non ha ricevuto molta attenzione perché non ci sarebbe stata una contaminazione da uomo a uomo. Gli scienziati hanno indagato sul perché non molti altri africani - date le loro numerose interazioni con i dromedari - non si fossero infettati. Lì, il virus circola principalmente nei dromedari in Marocco, Nigeria, Etiopia e Burkina Faso. Sono stati raccolti dei campioni e si è scoperto che le varianti che si presentano in Arabia possono essere facilmente trasmesse da persona a persona, ma non quelle in Africa.

La differenza tra le varianti è negli aminoacidi della proteina S. Modificando geneticamente la variante africana in modo che avesse gli stessi aminoacidi "arabi", sono riusciti a rendere la variante africana più infettiva anche per le cellule umane. La grande domanda non posta, naturalmente, è: perché vorresti farlo? Perché si vorrebbe rendere un virus che è (quasi) innocuo per gli esseri umani molto più infettivo, come è successo con il coronavirus?

Comunque, i ricercatori pensano che la ragione per cui le varianti in Medio Oriente non sono ancora mutate per infettare molte persone è che il commercio di dromedari va quasi esclusivamente in un modo, dall'Africa al Medio Oriente. Tuttavia, avvertono che se questo commercio si inverte ad un certo punto, o se un altro animale diventa un portatore e viene scambiato in Africa, potrebbero verificarsi mutazioni che potrebbero causare una pandemia mortale. (1)

Virus nella top 10 dell'OMS

Il MERS-CoV è molto simile alla SARS-1 e causa anche sintomi respiratori molto gravi. Tra gli esseri umani, ha ancora un tasso di mortalità del 35%. Non esiste ancora un trattamento o un vaccino. Dal 2012, più di 2.100 persone sono state infettate dal MERS-CoV, 813 delle quali sono morte. Il virus è ora nella top 10 della lista dell'OMS delle malattie emergenti che dovrebbero essere studiate con la massima priorità (2).

SPARS = MERS-CoV o SARS-3?

Alla fine dell'anno scorso, il possibile successore di Covid-19 era già stato annunciato: SPARS. In una simulazione della Johns Hopkins University, questa pandemia scoppia nel 2025 e dura fino al 2028.

'The SPARS pandemic 2025 - 2028; A Futuristic Scenario for Public Health Risk Communicators' (PDF, 2017) era una simulazione simile al successivo 'Event 201' dell'ottobre 2019, in cui ci si esercitava in ogni dettaglio sulla gestione di un'epidemia globale con un coronavirus che, secondo le previsioni di lavoro, avrebbe ucciso 65 milioni di persone. Quella 'simulazione', come tutti sapete, è diventata realtà sotto quasi tutti i punti di vista (solo il numero di morti, per fortuna, rimane molto indietro (ancora?)).

Infatti, un documento della Banca Mondiale afferma che l'attuale 'progetto' chiamato 'Covid-19 Strategic Preparedness and Response Program (SPRP)' durerà fino al 31 marzo 2025. Solo allora la SARS-CoV-2 / Covid-19 sarà presumibilmente dichiarata definitivamente 'finita', anche se nel frattempo alla Covid potrebbe subentrare anche la MERS-CoV.

Dopo di che il successore potrebbe iniziare ad apparire immediatamente: SPARS, che è un riferimento alla città statunitense di St. Paul dove questo futuro coronavirus emergerà per la prima volta secondo la simulazione. Questo nuovo virus, naturalmente, sarà rinominato nel 2025 o intorno ad esso, e potrebbe anche ricominciare in Asia, per esempio. Tuttavia, potrebbe anche diventare SARS-3, che è già pronto in un laboratorio italiano.

Quindi non è improbabile che la SPARS diventi effettivamente SARS-3 o MERS-CoV. Il 2025 era solo un anno fittizio, che potrebbe facilmente diventare il 2023 o prima. La simulazione SPARS parlava anche di un vaccino chiamato COROVAX come la soluzione desiderata per fermare questa "pandemia", e che sarebbe stato introdotto nello scenario nel luglio 2026. Tre anni dopo questo documento del 2017, un vaccino COROVAX è stato letteralmente sviluppato.

Questo è il modo in cui gli anti-vaxxers sarebbero convinti

Una notevole somiglianza con SARS-CoV-2 / Covid-19 è che l'infezione fittizia SPARS (/ MERS-CoV o SARS-3?) è spesso seguita da una grave polmonite batteriologica (pag. 57). Descrive anche come una nota anti-vaxxer "vede la luce" dopo che suo figlio neonato sviluppa una grave polmonite, e guarisce solo dopo la somministrazione di farmaci regolari. Le autorità usano poi storie come questa per convincere gli oppositori del vaccino.

Somiglianza sorprendente con il 2020-2021: "... diversi politici influenti e rappresentanti delle istituzioni sono finiti sotto tiro per aver sensazionalizzato la gravità dell'evento per un certo guadagno politico... Un ampio movimento sui social media, guidato principalmente da schietti genitori di bambini colpiti, insieme alla diffusa sfiducia nei confronti di 'Big Pharma', ha sostenuto la narrazione che lo sviluppo di SPARS MCMs (vaccini) non era necessario, e guidato da alcuni individui in cerca di profitto.

Ha anche indicato "teorie di cospirazione" che questo virus è stato anche creato intenzionalmente, e/o deliberatamente scatenato sulla popolazione dal governo come arma biologica (pag. 66). Nel frattempo, i 'Fauci Files', pubblicati anche dai media mainstream americani, hanno rivelato che il coronavirus è stato internamente definito un'arma biologica creata deliberatamente già l'11 marzo 2020.

I non vaccinati saranno presto incolpati direttamente

I produttori farmaceutici, che hanno dimostrato nell'ultimo anno quanto possa essere estremamente redditizio vaccinare durante una p(l)andemia, sono impegnati a sviluppare nuovi vaccini. Bloomberg ha indicato a fine maggio la GlaxoSmithKline (e il partner Sanofi), che sta già realizzando la prossima generazione di vaccini Covid. Secondo Roger Connor, capo dello sviluppo dei vaccini, un periodo di prova di un nuovo vaccino su più di 37.000 persone doveva iniziare già a giugno.

Date le reazioni sempre più dure e spesso scioccanti nella società alle persone che si rifiutano di essere vaccinate contro il Covid-19 (le richieste di vaccinazioni forzate stanno diventando più forti, e si sono anche sentite le prime richieste di mettere i rifiutanti nei campi), pensiamo che abbiamo superato da tempo la fase di "convincere" gli anti-vaxxers, e presto, se questa prossima pandemia arriverà davvero, andranno dritti a incolpare apertamente e falsamente le persone non vaccinate da politici e media.

Supponiamo che i vaccini causino davvero enormi problemi di salute, come i migliori scienziati e altri esperti stanno predicendo da mesi (vedi i nostri numerosi articoli su questo argomento). Allora ci sarà una nuova corsa all'assistenza sanitaria e agli ospedali, dopo di che saranno prese di nuovo misure severe. In TV, "scienziati" approvati dal complesso farmaceutico-vaccinale sosterranno che non è a causa dei vaccini, ma di una mutazione che ha potuto emergere grazie alle persone non vaccinate.

Capitolo 20: Carenza di carburante

È una prova per il prossimo grande attacco informatico all'Occidente?

Secondo gli esperti, l'attacco informatico al principale gasdotto di carburante negli Stati Uniti avrebbe potuto essere risolto in poche ore, e quindi ha tutte le caratteristiche di un'operazione "false flag" progettata per mettere il popolo americano completamente in ginocchio davanti all'emergente dittatura comunista UN/WEF dei vaccini climatici. Le prime stazioni di servizio hanno finito il carburante, e quelle che ancora lo hanno stanno aumentando i loro prezzi in modo drammatico. Il carburante potrebbe essere razionato per un lungo periodo di tempo, e una volta che questo accade, il cibo seguirà inevitabilmente.

Secondo un esperto informatico, il Colonial Pipeline da Houston (Texas) a Linden (New Jersey) avrebbe potuto essere di nuovo operativo in poche ore, poiché l'attrezzatura danneggiata avrebbe potuto essere sostituita rapidamente, dato che la maggior parte dei server di computer oggi sono macchine virtuali (VM). Se solo il software fosse stato danneggiato, l'interruzione sarebbe stata di pochi minuti. Di conseguenza, l'oleodotto aveva molti backup in ogni modo.

Poiché nessun recupero è stato annunciato fino alla fine della settimana, questo specialista informatico crede che la penuria di benzina sia stata causata arbitrariamente. Il diesel è ancora usato nei camion, ma solo per un tempo limitato. Quando si fermeranno oggi o domani, i negozi si svuoteranno rapidamente, minacciando paura assoluta e pandemonio. Dopo una settimana, il paese si fermerà, dopo due settimane, la fornitura di acqua potabile sarà messa in pericolo, e dopo quattro settimane, la civiltà sarà finita.

Il governatore della Carolina del Nord ha proclamato lo stato di emergenza e ha temporaneamente (?) razionato la benzina. Anche le pompe di grandi imprese come Shell e BP stanno affrontando problemi di approvvigionamento.

Si tratta di una prova generale per il grande attacco informatico previsto di recente?

A meno che il governo non ripari l'oleodotto entro pochi giorni, la corsa già iniziata alle ultime tracce di benzina sarà seguita da una corsa ai supermercati. In effetti, è altamente concepibile che questa "falsa bandiera" sia stata una prova pratica per la massiccia ciber-crisi precedentemente prefigurata dal WEF, che è quella di schiacciare tutto l'Occidente - compresa l'Europa - al fine di schiacciare gli ultimi resti di opposizione al controllo comunista del nostro paese.

Naturalmente, i russi saranno incolpati di tutto, il che, come i nostri lettori sanno bene, è progettato per radunare le masse ancora pazze dietro la terza guerra mondiale pianificata contro la Russia (e forse la Cina).

Lamentarsi? Non se hai votato a favore di questo sistema.

Gli elettori dei partiti di sinistra e socialisti, in particolare, non dovrebbero lamentarsi, perché questi partiti, come quasi tutti i partiti di opposizione di sinistra, sostengono apertamente l'agenda Great Reset / Build Back Better / Agenda-21/2030 e stanno facendo tutto ciò che è in loro potere da molti anni per rendere questo futuro una realtà per voi e i vostri (grand)figli.

Tranne che per se stessi, naturalmente, perché, come in ogni dittatura comunista e fascista nel corso della storia, l'élite di potere farà in modo di non essere mai colpita dalle proprie leggi di libertà e distruzione della ricchezza.

123

Capitolo 21: Crisi alimentare

L'Europa è entrata in una crisi sistemica globale, con la Germania che già accusa "assalti informatici" (ovviamente, da parte dei "russi", il che dovrebbe preparare la popolazione a un conflitto di massa - "La perdita dello 0,025% della popolazione mondiale non giustifica la rovina dell'economia globale".

Il "Grande Reset" della nostra società sicura e benestante, messo in moto di proposito da un virus delle vie aeree, si farà sentire molto di più. Sempre più segni indicano che l'Europa è sull'orlo di una catastrofe alimentare con prezzi alle stelle. Nel frattempo, i politici e i media continuano a scaricare, razionalizzare e a volte persino lodare tutte le colpe per le sofferenze che si sono già verificate e che sono in arrivo.

L'indice dei prezzi alimentari (FFPI) dell'Organizzazione delle Nazioni Unite per l'alimentazione e l'agricoltura (FAO) è aumentato di 2,3 punti (2,2 per cento) in un mese, a 107,5 nel dicembre 2020, segnando il settimo aumento consecutivo. L'FFPI era a 53,1 punti nel 2002, ha raggiunto un picco di 131,9 punti nel 2011 a causa della crisi finanziaria, e poi è sceso a poco meno di 100.

Crisi alimentare, energetica e bancaria tutte insieme

Che i governi sfruttino alterazioni biologiche del tutto normali, naturali e innocue per la grande maggioranza delle persone per prolungare e/o migliorare le misure di blocco e i limiti alla libertà, le linee di approvvigionamento alimentare vivranno sfide simili a quelle che il settore dell'elettronica sta vivendo attualmente (grande carenza di microchip).

In Germania si teme già che la penuria di frutta e verdura sia imminente. Hanno anche trovato una cosiddetta causa: attacchi cibernetici, che saranno ovviamente incolpati "i russi". L'orribile Forum Economico Mondiale di Klaus Schwab, il diabolico cervello dietro il "Grande Reset", prevede anche attacchi informatici al sistema elettrico e al settore finanziario.

Concetto storico: incolpare gli altri per le proprie azioni.

Anche il cibo e l'energia di base stanno diventando sempre più costosi, e seri problemi con i conti bancari e i pagamenti via internet dovrebbero farvi preparare ad impegnarvi in un conflitto massiccio, molto probabilmente contro la Russia. In realtà, le perturbazioni energetiche saranno create da uno spostamento dal carbone, dal petrolio e dal gas, poiché è necessario un passaggio all'inaffidabile e costoso vento, al solare e alla biomassa. Inoltre, la prossima grande crisi bancaria è in lavorazione da anni, e sarà sfruttata per far passare un sistema di pagamento completamente digitale con un euro digitale.

È un vecchio e noto principio storico che è stato utilizzato molto: incolpa il partito che consideri l'avversario per i problemi che hai creato, e avrai il suo sostegno. Sfortunatamente, poche persone leggono i libri di storia ora, o si rifiutano di imparare da essi ("questa volta lo faremo meglio", "questa volta le cose saranno diverse") perché credono di essere molto più brillanti. (Qual è la nostra opinione? Al contrario).

Oppure avete studiato per questo, e avete usato le strategie neomarxiste di manipolazione e indebolimento della società che i governi autoritari e dittatoriali hanno usato così tante volte prima al vostro popolo in un modo estremamente sofisticato, e lasciate che anche loro vi siano grati per questo.

Avevano informazioni privilegiate o si tratta di un piano poco chiaro?

A questo proposito, l'economista americano Martin Armstrong indica la nota simulazione di pandemia "Evento 201" dell'ottobre 2019, in cui tutto ciò che è stato fatto dal 2020 in poi è stato discusso, redatto ed elaborato in dettaglio in anticipo, con tanto di semina deliberata di paura e panico per un comune coronavirus.

Hanno avuto una visione del futuro, o c'è un complotto nefasto per abbassare la popolazione e la CO2, creando ordinatamente un massacro globale, come alcuni ora credono? Queste idee di cospirazione emergono spesso quando ci sono riunioni segrete e gruppi di élite che credono di essere esaltati sopra le classi inferiori, che vedono come la 'Grande Feccia'.

Le teorie del complotto, d'altra parte, sono finite da un pezzo, perché tutti questi schemi malvagi possono essere letti, sentiti e visti apertamente nelle pubblicazioni di grandi gruppi come il WEF. Anche se alcuni di essi, come "Nel 2030 non possiederete nulla e sarete felici", sono stati tolti dopo aver fatto scalpore. Questo non impedirà ai burocrati autoritari di imporre questo terribile futuro a voi e a me (ma non a loro stessi) nel 2030. (ma probabilmente molto prima).

La scarsità di cibo ha causato una diffusa agitazione sociale (e forse una guerra)

In ogni caso, la carenza di cibo e l'aumento dei costi sono certi da qui al 2024. Questo causerà una significativa instabilità sociale e politica", avverte Armstrong. La cattiva gestione del governo dell'UE potrebbe essere la loro rovina. Dopo tutto, come risultato di tale cattiva gestione, molte persone hanno perso il loro lavoro a causa della necessità di rimanere a casa durante la crisi, e il loro potere d'acquisto è crollato allo stesso tempo. Questo è lo scenario peggiore, e mi fa chiedere se questi leader sono davvero così sciocchi, o semplicemente così astuti".

Noi crediamo a entrambi. Subdola, perché questa crisi sistemica è stata pianificata a tutti gli effetti, compreso il pieno controllo e la direzione dei media mainstream, con l'obiettivo di creare un superstato dittatoriale dell'UE che sarà (ed è già) un mix tecnocratico dell'ex sistema sovietico e della Cina comunista di oggi.

Stupidi, perché credono che il loro "Grande Reset / Build Back Better / Green New Deal" colpo di stato contro la società libera funzionerà a lungo termine, in modo che entro il 2030, i Biden del nostro tempo avranno realizzato la loro sperata utopia climatica. Evidentemente, questi individui hanno perso il senso della realtà, perché altrimenti dovrebbero rendersi conto che con un approccio tutto-o-nulla, niente della nostra civiltà sopravviverebbe al più tardi entro il 2030.

In ogni caso, Armstrong ritiene che il mondo sia impreparato per una crisi alimentare, che sarà sicuramente innescata dalla continuazione delle misure attuali. Le carenze saranno più gravi nelle grandi città. L'alta IVA e le tasse in Europa saranno l'ultimo chiodo nella bara per molti. Allora non è necessario che i supermercati siano riforniti solo per pochi giorni perché scoppi il panico diffuso, l'anarchia e la violenza.

Secondo l'economista, gli speculatori del mercato azionario saranno puniti, ma noi crediamo che un colpevole politico, molto probabilmente il presidente russo Vladimir Putin, sarà anche coinvolto. Se questo è il caso, è conveniente se ha già scatenato un grande conflitto regionale in, diciamo, Ucraina, e forse il Medio Oriente, prima di allora. Dopo tutto, abbiamo visto quanto facilmente le reti di approvvigionamento possono essere interrotte da una singola nave container (Canale di Suez).

Bill Gates è uno dei contributori più significativi di questa catastrofe.

Armstrong offre poi un'altra "teoria del complotto", secondo la quale Bill Gates è ora il più grande proprietario di terreni agricoli negli Stati Uniti. Vero o no, è stato dimostrato che ha "acquistato" l'OMS e l'ha in tasca, così come il CDC americano e, probabilmente, tutte le agenzie equivalenti in Europa. Inoltre, ha azioni in tutte le principali aziende farmaceutiche ed è la forza principale dietro la partnership di vaccinazione GAVI. Così, anche se Gates sarà indubbiamente uno dei più significativi contributori alla catastrofe che durerà anni, i media occidentali, che lui controlla, non potranno mai pubblicarlo.

Centinaia di migliaia di fattorie sono scomparse sia in America che in Europa nell'ultimo decennio, soprattutto a causa di tasse sempre più alte e di regole e leggi "ambientali" sempre più severe. I governi sono stati in grado di acquisire enormi tratti di terra a costi estremamente bassi per progetti come alloggi, energia "sostenibile" e "ripristino della natura". Questa strategia anti-agricola di lunga data minaccia di amplificare l'incombente catastrofe alimentare.

La perdita dello 0,025% della popolazione mondiale non giustifica la rovina dell'economia globale.

Nel frattempo, c'è una corsa a immunizzare tutti contro una malattia che non è più mortale dell'influenza", ha aggiunto Armstrong. Il numero di vittime del Covid è così esagerato che i nostri politici sono o i più stupidi o i più disonesti del pianeta". Durante l'influenza spagnola morirono 50 milioni di persone, pari al 3,125% della popolazione mondiale dell'epoca (1,6 miliardi). Oggi ci sono 7,8 miliardi di persone sul pianeta, e 2 milioni di individui deceduti rappresentano solo lo 0,02564%. Questo non giustifica in alcun modo il crollo dell'economia globale".

Gli accordi di Norimberga sono stati ignorati e persino rovesciati.

I media mainstream applaudono spudoratamente le chiusure e terrorizzano la popolazione". Sta diventando chiaro che le immunizzazioni non proteggono nessuno dal prendere il Covid e possono addirittura metterlo in maggiore pericolo se la popolazione viene spazzata via da una delle nuove mutazioni. Nel frattempo, le aziende farmaceutiche sono completamente isolate dalla responsabilità. Tutti i leader internazionali hanno concordato a Norimberga di proibire tali esperimenti medici sulla popolazione se non erano ancora stati testati (o non correttamente) sugli animali. Le vaccinazioni che vengono somministrate non sono state nemmeno testate sui ratti o sui topi".

(Questo è dovuto, in parte, al pensiero marxista "woke" di estrema sinistra, che ha spogliato le persone di qualsiasi spiritualità superiore e le considera niente più che una macchina biologica incapace di trascendere la vita animale. In effetti, utilizzando gli esseri umani come cavie piuttosto che come animali, le persone sono posizionate sotto gli animali. Va da sé che questa atroce mentalità anti-umana apre la strada a un bagno di sangue, un genocidio, che il mondo non ha mai visto prima e molto probabilmente non vedrà mai più (dato che saremo rimasti troppo pochi).

Capitolo 22: La prossima guerra mondiale?

La reazione russa alle provocazioni dei bombardieri statunitensi fu senza precedenti: tre sottomarini nucleari irruppero attraverso il ghiaccio polare nello stesso momento. Gli Stati Uniti potrebbero essere annientati in pochi minuti da quel punto di vista.

La situazione tremendamente preoccupante in Ucraina sta ora raggiungendo i media (alternativi). L'analista Tom Luongo sostiene ora che l'Occidente, guidato da Joe Biden, si sta preparando per un confronto con la Russia in Ucraina, forse già dopo la Pasqua ortodossa (2 maggio). La ragione fondamentale è che il Cremlino si rifiuta di firmare il piano climatico Great Reset 2030 del World Economic Forum, delle Nazioni Unite e dell'Unione Europea. I politici occidentali sono impazziti al punto che stanno facendo l'errore fatale di supporre che il presidente Putin non oserà difendere la sua nazione fino alla morte contro questo colpo di stato mondiale. Così facendo, Washington, Bruxelles e l'Aia si mettono deliberatamente in pericolo di una battaglia nucleare su larga scala.

Ora, il conflitto a lungo desiderato contro la Russia minaccia di mettere fine alla fantasia europea di un "paradiso climatico" nel 2030, che in ogni caso finirebbe anni prima in un terribile incubo pieno di povertà comunista e oppressione tecnocratica per il 99% della popolazione.

Chi è il vero "assassino senz'anima"?

Biden era presidente solo da pochi mesi quando si riferì a Putin come a un "assassino senza anima". Il presidente russo ha risposto con "ce ne vuole uno per conoscerne uno", nel suo solito modo calmo e magistrale, e poi ha invitato Biden a una discussione diretta.

Naturalmente, Biden ha rifiutato, perché il demente Biden, che spesso dimentica dove si trova e con chi sta parlando durante i discorsi (ci sono ora filmati che lo mostrano con carte in mano con immagini di "chi è chi", così come un copione completo che deve seguire), non è chiaramente all'altezza del leader russo. I democratici ne sono ben consapevoli, ed è per questo che vogliono tenerlo lontano dalla stampa il più possibile.

E poi c'è stata quell'umiliante conferenza stampa l'altro giorno". Si candida per la rielezione nel 2024? Non sarà nemmeno vivo a quel punto. Ma, ehi, non si è candidato nemmeno nel 2020, quindi che differenza c'è?" si schernisce Luongo.

Ritorsione russa alle provocazioni americane

In ogni caso, le relazioni tra le due superpotenze sono "spaventose" dalla nomina del falso presidente Biden in un vistoso colpo politico. Gli americani non stanno facendo nulla per cambiare la situazione, anzi, esattamente il contrario. Recentemente, Biden ha

133

inviato dei bombardieri strategici B-52 per lanciare un falso attacco alla Russia attraverso il Polo Nord. I jet sono tornati in Canada, ma una risposta del Cremlino era inevitabile. Tre sottomarini nucleari russi (un evento unico) sfondarono il ghiaccio polare nello stesso momento. Da quel punto di vista, gli Stati Uniti potevano essere completamente annientati in quindici minuti.

Obama dice che l'Ucraina è "il progetto di Biden".

L'Ucraina è "il progetto di Biden", ha dichiarato Barack Obama. I Biden sono coinvolti nella corruzione in Ucraina, come abbiamo ampiamente esposto negli ultimi anni.

Secondo Luongo, la situazione in Ucraina è "molto più pericolosa" di quanto si dica. Vi abbiamo già dato una possibile spiegazione, e non è molto rassicurante: l'élite occidentale potrebbe cercare di sommergere la popolazione con un conflitto improvviso, presentandolo falsamente come un "colpo a sorpresa russo", al quale "naturalmente, dobbiamo rispondere prontamente". Potrebbe non esservi concesso il tempo di esaminare ciò che sta realmente accadendo, cioè che questo conflitto sta solo sostenendo gli interessi dell'élite climatica del "Grande Reset", che deve essere portato avanti a spese del grande pubblico.

L'escalation della guerra in Ucraina è "tutto questo e altro". L'iniziativa di ammettere l'Ucraina alla NATO e all'UE è stata a lungo un obiettivo dei neocon come Victoria Nuland e dei neoliberali come Joe Biden. È una componente chiave dell'ambizione del Forum Economico Mondiale di accerchiare la Russia, ostacolando l'obiettivo dell'integrazione eurasiatica che potrebbe servire da baluardo contro il loro "nuovo mondo coraggioso".

L'Occidente vuole costringere la Russia e la Cina a conformarsi al Grande Reset.

Biden ha invitato Putin e il presidente cinese Xi Jinping a un incontro sul clima ad aprile, la cui agenda sarà dettata dal World Economic Forum. Poiché sia Putin che Xi hanno dichiarato che non si impegneranno nel Grande Reset e nell'Agenda 2030, così come nella "Quarta Rivoluzione Industriale" di Klaus Schwab (in realtà, la Grande Decostruzione Industriale), questo incontro è destinato a fallire fin dall'inizio (anche se senza dubbio qualche servizio verbale sarà pagato, ma dopo di che Russia e Cina andranno semplicemente per la loro strada).

Questo vertice sembra essere una massiccia perdita di tempo, perché tutti in tutto il mondo saranno minacciati da ciò che possono anticipare dall'Occidente in termini di politica - fino a quando qualcuno finalmente mette questi individui lunatici fuori dalla loro miseria", ha detto Luongo. 'Per esempio, il Regno Unito sotto il dittatore Boris Johnson sta cadendo sempre più in un incubo totalitario a causa di Covid-19, mentre la propaganda anti-russa sta raggiungendo livelli record'.

Guerra nel Donbass, potenzialmente già domani

L'Ucraina è "direttamente implicata in tutte queste stronzate sul cambiamento climatico". Putin crede anche che Biden non permetterà alcuna escalation in Ucraina perché è legato ad essa e deve completare il lavoro che ha iniziato nel 2014 con il rovesciamento di (il presidente democraticamente eletto) Viktor Yanukovich. Di conseguenza, assisteremo a qualcosa di molto peggio della "campagna dei biscotti" di Victoria Nuland per la libertà. Avremo a breve una battaglia sul Donbass, molto probabilmente poco dopo la Pasqua ortodossa e lo scioglimento dell'inverno".

Secondo Luongo, Putin ha fatto sforzi enormi per fermare questo fatale ciclo discendente, "perché capisce dove questo porta". Sarà una resa dei conti in cui Putin dovrà guardare l'Ucraina lanciare una guerra contro i russofoni del Donbass e della Crimea con l'appoggio dell'Occidente, o interferire comunque, sapendo che l'Occidente lo userà immediatamente per dipingerlo come "aggressore".

L'Occidente si sta preparando per un'escalation; l'UE ha rifiutato il dialogo per anni.

L'Occidente, secondo Luongo, non ha altra scelta che intensificare l'escalation poiché non ha nulla da guadagnare da un ritorno alla tranquillità, alla pace e alla collaborazione. La Russia deve essere sottomessa o distrutta perché il Grande Reset funzioni e l'Europa rimanga un attore globale importante". Questo comporta il controllo del Mar Nero e la conquista della Crimea".

Il ministro degli Esteri russo Sergei Lavrov ha recentemente espresso la preoccupazione che l'UE non abbia mantenuto i collegamenti diplomatici con il Cremlino dopo il voto del 2014, in cui il popolo della Crimea ha dichiarato in modo quasi schiacciante di voler appartenere alla patria russa. La diplomazia tra le grandi nazioni è scomparsa". La chiara riluttanza di Biden a impegnarsi in un dialogo aperto con Putin è una grande preoccupazione".

Il Grande Reset è ostacolato dal dominio eurasiatico su petrolio e gas.

Tutto dopo la "corona" di misure totalitarie e oppressive in Occidente, compresa la graduale distruzione delle PMI e della libertà, è in linea con il "Grande Reset" del WEF, che include la distruzione totale dell'economia "fossile" e, con essa, la fine della sicurezza e dell'accessibilità energetica per i cittadini occidentali.

Tuttavia, se la produzione di petrolio, gas e carbone continua sotto il controllo eurasiatico, le ambizioni megalomani degli Atlantidei non si realizzeranno mai.

137

Non resta loro molto tempo per imporre la loro tirannia comunista mondiale del clima-vaccino, poiché l'opposizione pubblica occidentale all'intera devastazione della loro società e del loro futuro cresce di giorno in giorno.

L'Occidente non avrà una fine gioiosa della guerra.

Se c'è un conflitto nel Donbass questa primavera, non avrà una bella conclusione in cui l'America (e l'Europa) continueranno al potere in futuro, ma sarà il momento in cui capiremo che la nostra discesa nell'irrilevanza si è affrettata".

Con un po' di sfortuna, questo deterioramento può anche sfociare in una battaglia nucleare, in cui la Russia (forse aiutata dalla Cina) decide di tagliare la "testa del serpente" che è stata una minaccia sempre più grande per l'esistenza dell'umanità per così tanto tempo. Questo potrebbe includere un attacco nucleare (limitato) su città come Washington, New York, Londra, Bruxelles e Roma (il Vaticano), così come Los Angeles (Hollywood), Parigi, Strasburgo, Berlino, Francoforte e L'Aia.

Possiamo essere certi di una cosa: se fosse stato per Vladimir Putin, non si sarebbe mai arrivati a questo punto. Resta da vedere se ci sarà abbastanza tempo perché la paura, la fame di potere e la pura follia che hanno completamente invaso le città nominate lascino il posto a un ripristino della ragione, della sobrietà e, soprattutto, della vera preoccupazione per il bene e il futuro di tutti i residenti. Sfortunatamente, i presagi per questo puntano ora nella direzione opposta.

Se la Cina si unisce, la terza guerra mondiale è un fatto!

Se la Cina viene coinvolta in una grande battaglia con l'Occidente, come una guerra con Taiwan, il Giappone e l'Australia potrebbero essere presi di mira, e le ostilità potrebbero scoppiare tra Corea del Nord e del Sud, India e Pakistan, India e Cina, Iran e Arabia Saudita, e Iran e Israele. Allora la terza guerra mondiale diventerà una realtà.

Per il momento, anticipiamo che l'ultima grande conflagrazione globale non avverrà fino a qualche parte tra il 2025 e il 2030. Tuttavia, tutti vedranno che un conflitto in Ucraina potrebbe facilmente far cadere tutte le altre tessere del domino molto prima.

Capitolo 23: Pressione dall'est?

Come risponderebbe l'America al sostegno militare cinese per una dichiarazione di indipendenza di Porto Rico?

Un portavoce del ministero della Difesa cinese ha chiesto in una dichiarazione ufficiale che gli Stati Uniti taglino "tutti i legami militari con Taiwan". L'America è stata il più grande fornitore di armi di Taiwan per anni. Pechino considera ancora l'isola una provincia rinnegata che dovrebbe essere ricongiunta alla Cina, non importa come. Se gli Stati Uniti si oppongono a questo, "significa guerra".

La completa riunificazione della Cina è una necessità storica, e il grande ringiovanimento della nazione cinese è una tendenza inarrestabile", ha dichiarato Ren Guoqiang (foto). Le aspirazioni comuni del popolo sono la pace e la stabilità attraverso lo stretto di Taiwan. Una 'Taiwan indipendente' è un vicolo cieco, e un tentativo in tal senso significa guerra".

I cinesi chiedono che il governo di Washington torni a sostenere senza compromessi la politica di una sola Cina. Poco dopo l'entrata in carica del presidente Biden, i funzionari statunitensi hanno parlato apertamente per la prima volta di una "Taiwan indipendente", il che è molto contrario ai desideri di Pechino.

Il 15 giugno, ben 28 aerei dell'aviazione cinese, compresi i bombardieri in grado di trasportare armi nucleari, sono penetrati nella zona di difesa aerea di Taiwan. Non era assolutamente la prima volta che questo accadeva, ma con un numero così grande.

Ieri, il ministro degli esteri di Taiwan, Joseph Wu, ha avvertito che il paese dovrebbe "prepararsi" per una possibile invasione cinese. Non possiamo correre rischi... Ora che il governo cinese dice che non rifiuta l'uso della forza, e sta conducendo esercitazioni militari intorno a Taiwan, allora siamo più propensi a credere che questo sia reale".

Come reagirebbe l'America al sostegno cinese per un Porto Rico indipendente?

Dal punto di vista cinese, la situazione è più o meno paragonabile a una fittizia dichiarazione d'indipendenza dell'isola caraibica di Porto Rico, presa dagli Stati Uniti nel 1898. Il governo federale di Washington poi non riconosce questa indipendenza, al che la Cina comincia ad armare l'isola.

Come risponderebbe il regime di Washington? Data la storia degli Stati Uniti, presumibilmente con la forza bruta molto prima di quanto i cinesi potrebbero fare ora con Taiwan.

Tuttavia, crediamo che tutti i popoli debbano avere il diritto all'autodeterminazione, cioè alla vera democrazia. Non i leader, i governi e le istituzioni, ma i cittadini dovrebbero avere l'ultima parola. Tuttavia, non è così da nessuna parte, certamente non in Occidente, dove la democrazia è stata completamente smantellata ed è solo una finzione per una tecnocrazia sempre più autoritaria.

Capitolo 24: Berlino è un obiettivo militare

"In 4 settimane, una guerra mondiale potrebbe essere scatenata in Ucraina mentre Putin invia 4.000 truppe e carri armati al confine", ha recentemente titolato The Sun, il più famoso giornale scandalistico britannico.

Che faccia scalpore o meno, l'annuncio che la Cina invierà presto 5.000 truppe in Iran è estremamente pericoloso. Inoltre, Teheran ha dimostrato un missile da crociera in grado di colpire Berlino, e i mullah hanno garantito il loro sostegno alla Russia nel caso in cui l'Ucraina lanciasse un attacco frontale alla Crimea e al Donbass, scatenando una guerra guidata dalla NATO.

Solo uno "psicanalista" può capire gli obiettivi di Mosca, secondo l'analista militare russo Pavel Felgenhauer, che ha anche avvertito che gli sviluppi potrebbero portare a una guerra catastrofica entro un mese.

Tutto il dolore provocato dal colpo di stato del 2014

Nel 2014, la CIA ha orchestrato un violento colpo di stato in Ucraina con l'aiuto di USA e UE. Il presidente democraticamente eletto del paese è stato rovesciato e sostituito con una dittatura fantoccio sostenuta dall'Occidente, che ha lanciato una guerra omicida contro la popolazione russofona del paese nell'est.

Al fine di portare l'Ucraina nella NATO il più rapidamente possibile, un attacco "false flag" altamente probabile è stato effettuato su un aereo passeggeri (MH17) in volo da Amsterdam alla Malesia, che è stato deliberatamente diretto dal controllo del traffico aereo ucraino su zone di guerra.

Il principale porto navale russo a Sebastopoli (Crimea) sarebbe perso, e una volta che le basi NATO saranno erette in Ucraina, le armi nucleari della Russia potrebbero essere distrutte dai missili americani in un attacco a sorpresa in pochi minuti, mettendo il paese senza difese.

La Cina invia 5000 truppe in Iran, che ha lanciato un missile capace di colpire Berlino.

Tuttavia, si sta formando un asse che è stufo di anni di razzismo occidentale a guida americana e di guerre, così come di tutte quelle missioni apparentemente di "pace e democrazia" che hanno ucciso milioni di persone in questo secolo. La Repubblica Islamica dell'Iran, per esempio, ha presentato sabato scorso un nuovo missile da crociera con una portata di 3.000 chilometri capace di colpire Berlino.

Nel frattempo, la Cina ha annunciato spese significative per miliardi di dollari in Iran, tra cui il dispiegamento di 5.000 truppe e la creazione di nuovi avamposti militari.

La luce già scomparsa dell'Occidente si sta spegnendo per sempre?

Nel gennaio 2018, la BBC nel Regno Unito ha mandato in onda un notiziario simulato sull'inizio di una guerra tra la NATO e la Russia, con il lancio di armi nucleari dopo solo un'ora. Un simile annuncio fittizio della terza guerra mondiale con la Russia è stato trasmesso dall'emittente pubblica tedesca.

Chiamatelo allarmismo o programmazione predittiva, ma una cosa è chiara all'inizio del 2021: negli ultimi anni, abbiamo avuto solo leader, media e istituzioni in Occidente, così come nel nostro stesso paese, che sanno solo mentire e barare freddamente su questioni importanti, che si tratti della Russia, del coronavirus, delle vaccinazioni o del clima. La luce, come i loro leader, è svanita da tempo per coloro che ci cascano con gli occhi aperti e/o a volte pensano addirittura che sia una buona cosa. Peggio, ciò che prima era luce è stato ribattezzato tenebra, e ciò che era tenebra è stato ribattezzato luce.

Russia, Cina e Iran sono tutti sotto tiro, ma non è chiaro quanto tempo sia rimasto all'Occidente per rinsavire, guardarsi allo specchio e ammettere quanto siamo caduti come cosiddetta "civiltà avanzata". Se continuiamo al nostro ritmo attuale, non saranno più di 10 anni o giù di lì, e se The Sun ha ragione per una volta, non saranno più di 10 settimane. Quando questa più probabile catastrofe si verificherà, sarà inaspettata per la stragrande maggioranza di noi, e totalmente sotto la nostra responsabilità, secondo noi.

Capitolo 25: L'Occidente contro la Russia

Una "minaccia estremamente seria alla sicurezza nazionale" è solo un passo dalla dichiarazione di guerra.

A causa della "minaccia unica e senza precedenti che la Russia rappresenta per la sicurezza nazionale, la politica estera e l'economia degli Stati Uniti", il presidente americano Joe Biden ha proclamato uno "stato di emergenza nazionale". Gli Stati Uniti stanno espellendo dieci diplomatici russi e attuando nuove restrizioni. La Russia sta preparando intensamente il suo esercito e la sua flotta per un grande conflitto (globale), che teme - e giustamente - che gli americani sempre più aggressivi vogliano iniziare.

Le uniche persone che si sono opposte al "Grande Reset" dei globalisti occidentali sono state Trump e Putin. Trump è stato esonerato grazie alla più grande frode elettorale della storia; ora è il turno della Russia. I folli tecnocrati neo-marxisti americani ed europei sembrano credere di poter vincere una guerra contro la Russia senza causare troppi danni.

La Russia si prepara alla guerra.

Come risultato, la Russia espellerà un gran numero di diplomatici americani. Lo stretto di Kerch, che collega la penisola di Crimea e la terraferma russa, sarà chiuso a tutte le barche della marina e di proprietà straniera a partire dalla prossima settimana.

La chiusura durerà fino a ottobre, e colpisce soprattutto le città portuali ucraine di Mariupol e Berdyansk.

Vicino al confine ucraino, veicoli blindati e camion russi sono stati avvistati con le cosiddette "strisce di invasione". Strisce bianche chiare sono dipinte sui veicoli per proteggerli dall'essere abbattuti dai loro stessi aerei e carri armati. Questo sembra segnalare che la Russia sta davvero considerando di porre fine all'amministrazione neonazista sostenuta dall'Occidente a Kiev, che, come i nostri lettori sanno, ha tentato per anni di creare una massiccia guerra NATO-Russia.

L'Ucraina sostiene che più di 110.000 truppe russe, 330 aerei e 240 elicotteri saranno di stanza lungo il suo confine. Kiev sostiene che la Russia sta trasferendo armi nucleari in Crimea, ma abbiamo i nostri dubbi. Infatti, la Russia non ha alcun obbligo di farlo; l'Ucraina potrebbe teoricamente essere annientata da armi nucleari lanciate da qualsiasi parte del pianeta.

La maggior parte della flotta russa del Pacifico è tornata a Vladivostok e viene adeguatamente rifornita lì, secondo le immagini satellitari. Almeno una nave da guerra sta ricevendo "nuovi" missili a bordo. Questo suggerisce che la Russia si aspetta che qualsiasi conflitto vada oltre l'Ucraina e nel resto del mondo.

Sembra che uno scontro militare tra gli Stati Uniti e la Russia sia solo una questione di tempo.

147

Ora che il presidente degli Stati Uniti ha bollato la Russia come un "pericolo per la sicurezza nazionale" e Biden ha dato l'ordine di rispondere a questa "minaccia", lo scontro militare che Washington e Bruxelles hanno a lungo desiderato sembra essere solo una questione di tempo, potenzialmente solo poche settimane di distanza.

Il presidente Putin ha riconosciuto da tempo come opera l'Occidente e, di conseguenza, ha rifiutato l'offerta di un incontro con il vicepresidente Joe Biden. Questo non sarebbe altro che la famosa diplomazia ricattatoria occidentale ("vogliamo la pace, ma solo alle nostre condizioni, e se non siete d'accordo, seguiranno le nostre bombe e i nostri missili"), che ha causato la morte di milioni di persone solo negli ultimi due decenni.

'I neocon guerrafondai stanno facendo esattamente quello che dovevano smettere di fare nel 2016 quando la vittoria di Trump ha mandato in frantumi i loro satanici preparativi per la guerra con la Russia... Poi c'erano molti che sostenevano che Trump fosse pericoloso', dice Hall Turner, un presentatore radiofonico americano. Questo idiota demente senile sarà la rovina di tutti noi", dice Biden.

Presumibilmente non c'è bisogno di spiegare cosa dice questo sullo stato mentale dei leader europei, che erano così scioccati quando questo "mezzo idiota" guerrafondaio è riuscito a strappare dalla Casa Bianca il Trump che disprezzavano, né sembrano preoccuparsi di quello che succede a voi, a me e a centinaia di milioni di altre persone.

Capitolo 26: Il nuovo "Green Deal"

Ocasio-'Green Cortez's New Deal' comporta "l'estinzione di tutta la vita sulla Terra" - "Se i combustibili fossili sono aboliti, ogni albero del pianeta sarà abbattuto".

Il Dr. Patrick Moore, co-fondatore di Greenpeace, ha sbattuto Alexandria Ocasio-Cortez (foto), la nuova beniamina della sinistra 'progressista' americana. La "socialista democratica" ha proposto un "New Deal verde", che costerebbe decine di miliardi di dollari e, secondo molti detrattori, farà tornare gli Stati Uniti alla civiltà pre-industriale. Moore ha definito Ocasio-Cortez una "ipocrita" e una "pomposa stupida" perché eseguire la sua richiesta di eliminare gradualmente i combustibili fossili - cosa che l'amministrazione europea ha già iniziato a fare con l'arresto del gas naturale - porterà a "vittime di massa".

Moore ha lasciato la "sua" Greenpeace anni fa, quando l'organizzazione ambientale è stata dirottata dall'interno da anarchici di estrema sinistra come Ocasio-Cortez.

Tutti i voli e le automobili devono essere messi a terra (tranne la sua)

Il "Green New Deal" propone che gli Stati Uniti abbandonino ogni dipendenza dal petrolio, dal gas e dall'energia nucleare. I treni devono sostituire il trasporto aereo (anche attraverso il mare), e il 99% di tutte le automobili devono essere eliminate.

Naturalmente, con l'eccezione della classe dirigente, le cose sono andate avanti come al solito. Secondo il New York Post, Ocasio ha una massiccia "impronta di carbonio", in parte perché il suo staff della campagna si basa quasi interamente su normali automobili a benzina. Ha volato 66 volte tra maggio 2017 e dicembre dell'anno scorso, rispetto alle sole 18 volte in treno, a cui, se fosse per lei, tutti sarebbero obbligati a convertirsi.

I fondi socialisti continuano a spingere per gli alloggi gratuiti.

Inoltre, ogni struttura negli Stati Uniti dovrà essere ampiamente cambiata o forse ricostruita per soddisfare le norme climatiche estremamente rigorose. Cortez propone il finanziamento di milioni di posti di lavoro nel governo per questo motivo. Coloro che non vogliono lavorare saranno liberi di stare a casa e non dovranno più pagare le spese di alloggio. Ma chi lo desidererebbe?

Come intende "AOC" finanziare la sua utopia verde? In parole povere, l'unico modo per pagare i suoi piani draconiani ed enormemente costosi è quello di accendere le presse del denaro. Poiché "questa volta faremo le cose per bene", ha dichiarato Cortez in una precedente intervista, il fatto che questo socialismo ha

151

portato a povertà diffusa e miseria nel corso della storia
non dovrebbe essere una preoccupazione.

**Questo piano comporta l'annientamento di tutta la
vita". Brillante**

Secondo il Green New Deal, tutte le emissioni di gas
serra devono essere eliminate dall'ambiente. La risposta
di Moore: 'Tecnicamente (scientificamente) parlando,
questo implica l'eliminazione di tutto il vapore acqueo e
di tutta la CO2, il che implica lo sradicamento di tutta la
vita'. Geniale".

Se non vi piace l'accordo, dovreste semplicemente
presentare la vostra proposta coraggiosa per affrontare
la catastrofe climatica globale", ha twittato
successivamente AOC. Fino ad allora, noi siamo al
comando, e voi state semplicemente urlando dagli
spalti".

**L'esaurimento dei combustibili fossili provocherà morti
di massa".**

Moore ha replicato: "pomposo idiota". Non avete
nessuna strategia per nutrire 8 miliardi di persone senza
usare combustibili fossili, o per portare il cibo nelle
città. I cavalli? Se i combustibili fossili sono messi fuori
legge, ogni albero del pianeta sarà abbattuto per fornire
combustibile per cucinare e riscaldare. Ucciderete
molte persone... Non sei altro che un ipocrita come tutti

152

gli altri, con ZERO competenza in qualsiasi campo in cui affermi di essere esperto.

Soffrite di illusioni se pensate che i combustibili fossili scompariranno presto", ha aggiunto più tardi Moore in risposta a un tweet di un altro fanatico del clima che diceva che "la fine dei combustibili fossili è certa". Forse tra 500 anni. L'atteggiamento di AOC è sconsiderato e offensivo. È una novellina che finge di essere intelligente. Se la sua razza è al comando, ci distruggerà".

I nostri altri libri

Dai un'occhiata ai nostri altri libri per altre notizie non riportate, fatti esposti e verità sfatate, e altro ancora.

Unisciti all'esclusivo Rebel Press Media Circle!

Riceverai nuovi aggiornamenti sulla realtà non denunciata nella tua casella di posta ogni venerdì.

Iscriviti qui oggi:

https://campsite.bio/rebelpressmedia